RÈGLEMENT

ARRÊTÉ

PAR LE ROI,

Pour l'Habillement & l'Équipement de ſes Troupes.

Du 1.er Octobre 1786.

A PARIS,

DE L'IMPRIMERIE ROYALE.

M. DCCLXXXVI.

TABLE
DES CHAPITRES ET ARTICLES
Contenus dans ce Règlement.

CHAPITRE PREMIER.
INFANTERIE.

Hommes

Marques

CHAPITRE II.

GENDARMERIE.

CHAPITRE III.

MARÉCHAUSSÉE.

CHAPITRE IV.

CAVALERIE & DRAGONS.

Cordon

CHAPITRE V.

HUSSARDS.

Schakos.

CHAPITRE VI.

RÉGIMENS DE CHASSEURS.

Bottes.

CHAPITRE VII.

Des Objets dont le payement est à la charge des différentes masses de tous les Corps.

CHAPITRE VIII.

Des Fournitures & Remboursemens.

CHAPITRE IX.

De l'ordre & des précautions qui seront observés pour la confection de l'Habillement neuf & les réparations du vieux.

CHAPITRE X.

De l'Uniforme des Officiers généraux.

Broderie.

CHAPITRE XI.

De l'Uniforme des Intendans des Armées & Commissaires des guerres.

CHAPITRE XII.

De l'Uniforme des Officiers de l'État-major des Places.

CHAPITRE XIII.

De l'Uniforme des Officiers des États-majors des Armées, & des Aides-de-camp.

CHAPITRE XIV.

De l'Uniforme du Corps-royal du Génie.

CHAPITRE XV.

De l'Uniforme des Employés aux Fortifications.

CHAPITRE XVI.

De l'Uniforme des Ingénieurs-géographes militaires.

CHAPITRE XVII.

De l'Uniforme des Officiers réformés ou rétirés du service de l'Infanterie, de la Cavalerie, des Hussards, des Dragons, & des Régimens de Chasseurs.

CHAPITRE XVIII.

De l'Uniforme des Médecins & Chirurgiens-inspecteurs des Hôpitaux militaires & des armées; des Chirurgiens-majors & Apothicaires-majors des Armées; des Médecins, Chirurgiens-majors & Apothicaires-majors & Aides-majors des Hôpitaux militaires, citadelles, forts & châteaux du Royaume; & des Chirurgiens-majors des Régimens.

Fin de la Table.

RÈGLEMENT

RÈGLEMENT
ARRÊTÉ
PAR LE ROI,

Pour l'Habillement & l'Équipement de ses Troupes.

Du 1.er Octobre 1786.

LE ROI a réglé que dorénavant & à mesure des remplacemens, l'Habillement & l'Équipement de ses Troupes seroient composés, ainsi qu'il suit:

CHAPITRE PREMIER.

Infanterie.

ARTICLE PREMIER.

De l'Habillement.

Composition de l'Habillement.

L'HABILLEMENT des bas Officiers & Soldats, sera composé d'un habit & d'une veste de drap, doublés de cadis; & d'une culotte de tricot, doublée de toile.

La veſte pour les régimens de l'Infanterie étrangère, ſera en tricot ou eſtamet blanc, doublée de toile. Les habits & veſtes ſeront coupés dans les proportions de la taille & de la groſſeur des hommes, & tenus aſſez aiſés pour que le Soldat puiſſe faire avec facilité les mouvemens qui lui ſeront ordonnés, ſans qu'il ſoit gêné, ni dans le cas de déchirer les coutures; à l'effet de quoi les poitrines ſeront tenues très-larges, & le dos de l'habit & de la veſte, d'une manche à l'autre, le ſera ſuffiſamment, de même que les entournures. La meſure ſera priſe à chaque homme ſur la poitrine, les épaules étant ſoutenues & bien effacées; & pour prendre la meſure du dos on les lui fera porter en avant. On obſervera que les revers doivent ſe boutonner aiſément dans toute leur longueur; les trois boutonnières de deſſous ne ſeront point ouvertes. La longueur de l'habit ſera telle, que, les revers boutonnés, il arrive à trois pouces de terre, l'homme étant à genoux.

Coupe & proportions.

Les manches ſeront doublées d'une bonne toile.

Pattes des poches.

Les pattes des poches, ſoit qu'elles doivent être poſées en long ou en travers, ne ſeront que figurées ſur le drap des baſques de l'habit, & ſans y en appliquer d'autre, par un paſſe-poil de la couleur diſtinctive, couſu ſur le bord ſeulement deſdites pattes, & non au côté où elles ſeront cenſées jointes à la baſque: cette jonction ne ſera marquée que par deux points de piqûre, à une ligne au plus de diſtance l'un de l'autre. Les pattes des poches en travers ſeront placées, le deſſus à la hauteur de la taille, & le côté de derrière à un travers de doigt du bord du pli; celles des poches en long, dont la partie ſupérieure ſera également au niveau du bouton de la taille, occuperont le milieu des baſques du devant, & y ſeront placées droites. Les unes & les autres ſeront garnies de trois boutonnières & de trois gros boutons.

Leſdites pattes de poches, tant en travers qu'en long, ſeront figurées conformément aux deſſins gravés, *(n.os 1 & 2 de la planche première)*.

Les poches seront ouvertes sous les basques, & faites en toile de bonne qualité. *Poches.*

Le collet sera droit, de douze, quinze & jusqu'à dix-huit lignes de hauteur, suivant que le col sera plus ou moins long; il sera doublé de drap, garni entre celui de dessus & celui de dessous d'une toile, & piqué de points serrés, l'un sur le bord, l'autre au milieu. *Collet.*

Les revers auront, de la pointe supérieure jusqu'au bas, qui sera coupé carrément, dix-neuf pouces de longueur pour les hommes de la grande taille, dix-huit pouces pour ceux de la moyenne, & dix-sept pouces pour ceux de la petite taille; ils auront trois pouces six lignes apparens dans leur plus grande largeur, trois pouces dans le milieu, & deux pouces & demi dans le bas; l'écusson du haut du revers s'étendra jusqu'au bord de l'épaulette, suivant bien le tour de la couture du collet: ces revers seront au surplus coupés dans la forme établie par le dessin *(n.° 3 de la planche I.re)*; chaque côté de revers sera garni de sept petits boutons, placés, excepté celui du haut, à distances égales, & d'autant de boutonnières faites en poil de chèvre; il y aura trois gros boutons au-dessous, du côté droit, & trois boutonnières du côté gauche, pareillement en poil de chèvre: le premier bouton au-dessous du revers en sera à la distance d'un pouce, celui du bas sera juste à la hauteur de celui de la taille, & celui du milieu sera placé entre ceux-ci à distance égale. *Revers.*

Les paremens, coupés à quatre pouces de long, seront doublés en entier, cousus à la manche, & ne présenteront de hauteur, lorsqu'ils seront retroussés, que trois pouces, y compris le passe-poil en drap du fond de l'habit ou de la couleur distinctive; leur largeur sera proportionnée à la grosseur du bras & juste autour de la manche, à laquelle ils seront fixés de manière qu'ils ne puissent se rabattre; ils seront ouverts sur le côté extérieur, au milieu des deux coutures, & se refermeront par deux petits boutons, dont le premier sera placé à neuf *Paremens.*

lignes du bas du parement, & le second à vingt lignes du premier; l'ouverture sera prolongée de deux pouces & demi à l'avant-bras, & se fermera par un petit bouton placé pareillement à vingt lignes du second du parement; il sera ajouté au côté inférieur de l'ouverture, une bande de drap d'un pouce de largeur, sur laquelle le côté supérieur où se trouveront les boutonnières, croisera sans pattelette.

Passe-poil aux revers & paremens.

Les revers & paremens de drap de la couleur de l'habit, en seront détachés, comme les pattes des poches, par un passe-poil de la couleur tranchante, & ce passe-poil ne sera mis ni au collet, ni au devant, ni au derrière de l'habit; il sera fait du drap fourni pour les paremens & revers de couleur, & ne pourra déborder les revers, paremens & poches que de la largeur d'une ligne & demie au plus.

Épaulette & contre-épaulette des bas Officiers & Soldats.

Les habits des bas Officiers & Soldats des compagnies de Fusiliers, seront garnis d'une épaulette & d'une contre-épaulette en drap du fond de l'habit, larges de deux pouces, y compris un liséré de drap de la couleur tranchante; elles seront cousues par le bout supérieur, à la naissance du collet; & l'autre bout, qui sera terminé en écusson, de la forme gravée *(planche I.re n.° 4)*, s'attachera à un petit bouton placé près la couture de la manche: ces épaulette & contre-épaulette seront doublées de drap, garnies entre deux d'une toile, & auront trois piqûres; en temps de guerre elles seront garnies, entre le drap de dessus & celui qui doublera, d'une plaque de tôle à côtes.

Idem *des Grenadiers.*

Les Grenadiers porteront l'épaulette & la contre-épaulette en drap écarlate doublé & liséré de drap blanc, sans houppes. Il leur est expressément défendu de porter des épaulettes en laine tressée avec houppes, tant en semestre qu'en garnison.

Idem *des Chasseurs.*

Les Chasseurs porteront l'une & l'autre en drap vert, pareillement doublé & liséré, & sans houppes.

Les

Les retrouſſis des habits de Fuſiliers, ſeront garnis d'une fleur-de-lis de la couleur diſtinctive ; ceux des Grenadiers le ſeront d'une grenade, & ceux des Chaſſeurs le ſeront d'un cor-de-chaſſe, le tout de la hauteur de deux pouces & demi, & d'une largeur proportionnée, conformément aux deſſins gravés *(planche I.re n.os 5, 6 & 7)*; ces retrouſſis croiſeront l'un ſur l'autre, à l'effet de quoi l'agrafe couſue ſur celui de derrière, ſera à deux pouces & demi de la pointe. *Retrouſſis.*

La veſte ſera tenue aſſez longue de taille pour qu'elle emboîte bien les hanches, & que le bouton d'en bas couvre entièrement la ceinture de la culotte; les boutonnières de devant ſeront faites en poil de chèvre, & croiſeront ſur une petite bande qui ſera laiſſée le long des boutons, pour doubler l'ouverture des boutonnières; celles des poches, dont la droite ſeulement ſera ouverte, ſeront pareillement en poil de chèvre; la longueur des baſques, à compter du dernier bouton, ſera de ſix pouces & demi, & elles ſeront doublées de toile; les manches, qui ſeront ouvertes en deſſous à l'ordinaire, ſeront couſues à la veſte, excepté à l'endroit de l'aiſſelle. *Veſte; ſes proportions.*

Les veſtes des Caporaux, Appointés & Soldats, auront des petits collets & paremens de la couleur de la diſtinction, ſuivant qu'il y aura ſur l'habit des revers & paremens de couleur diſtinctive, ou ſeulement des revers ou des paremens; de manière que ceux qui auront des revers & paremens ſur l'habit, aient ſur la veſte le collet & les paremens; que ceux dont l'habit n'aura que des revers, n'aient que le collet ſur la veſte; & qu'elles ne ſoient garnies que de paremens pour ceux qui n'auront que le parement ſur l'habit. *Collets & paremens de la couleur diſtinctive aux veſtes des Caporaux, Appointés & Soldats.*

Le collet de la veſte ſera droit comme celui de l'habit, mais ſeulement de neuf lignes de hauteur; il ſera doublé de drap blanc qui débordera en liſéré, & n'arrivera, étant attaché, qu'à un pouce du bord du devant de la *Collet de la veſte.*

Paremens. veſte. Les paremens ſeront de deux pouces de haut, & couſus ſur les manches, qui ſeront ouvertes de quatre pouces au-deſſous du bras, & fermeront par deux petits boutons, l'un placé ſur le parement, & l'autre ſur le corps de la manche.

Boutons. Les boutons de l'habit & de la veſte ſeront de cuivre ou d'étain, ſuivant l'uniforme affecté à chaque régiment; ils ſeront maſſifs, & la queue ſera percée de deux trous en croix, arrondis à leurs angles : il en entrera dans chaque *Leur nombre.* habit, onze gros & vingt-deux petits, qui ſeront placés; *Leur poſition.* ſavoir, trois gros au bas du revers droit, trois à chaque poche, & deux aux hanches; ſept petits à chaque revers, trois à chaque parement, un à chaque épaulette & contre-épaulette ; il y en aura de plus douze à la veſte.

Culotte. La culotte ſera à grand pont-levis qui s'attachera par cinq boutonnières à quatre boutons poſés ſur la ceinture, & à celui du milieu des trois qui boutonneront la culotte; elle montera aſſez pour que la ceinture, qui aura trois pouces & demi de largeur, prenne bien le haut des hanches ; cette ceinture ſera jointe par-derrière, au moyen d'une boucle de cuivre à chape, placée dans la boutonnière de la pièce qui fera face au tirant ; les jarretières, qui devront bien couvrir & emboîter les genoux, ne ſeront que marquées, de quinze lignes de largeur, par ſix piqûres, afin d'éviter l'épaiſſeur que feroient ſous les guêtres, des jarretières rapportées en tricot ſur celui de la culotte. Il ſera ſeulement couſu, à deux pouces du bord du deſſus de la culotte, un bout de jarretière de trois pouces de longueur, en tricot, doublé de toile & pareillement piqué, pour fermer l'ouverture d'en bas, moyennant une boucle de cuivre très-plate, qui s'attachera à une forte bride de fil, faite à environ deux pouces en arrière du dernier bouton & un pouce plus bas; ladite ouverture d'en bas ne ſera que de ſix pouces, & n'aura que trois petits boutons de tricot & autant de boutonnières en fil.

La durée des habits & des vestes est fixée à trois années, dans l'Infanterie françoise, pour les Sergens, Fourriers, Caporaux, Appointés & Soldats; & conséquemment le remplacement en sera fait chaque année par tiers. *Durée des habits & des vestes dans l'Infanterie françoise.*

Quant à l'Infanterie étrangère, attendu la moindre qualité des étoffes qu'elle est dans l'usage d'employer, le remplacement des habits & vestes sera fait par moitié pour les Sergens, Fourriers, Caporaux, Appointés & Soldats. *Idem dans l'Infanterie étrangère.*

La durée des culottes ne devant être que d'un an, elles seront fournies chaque année au complet dans tous les régimens de l'Infanterie françoise & étrangère; mais le Soldat ne pourra disposer de l'ancienne, qu'après l'année révolue de la livraison de la dernière, de manière que le Soldat ait toujours deux culottes de l'habillement. *Durée des culottes.* *Disposition de l'ancienne.*

On continuera l'usage pratiqué dans les régimens, de conserver une quantité suffisante des meilleurs effets qui seront remplacés chaque année, pour servir à l'habillement des hommes de recrue que les régimens seront dans le cas de recevoir dans l'intervalle d'un remplacement à l'autre. *Meilleurs effets de ceux remplacés, à conserver pour les hommes de recrue.*

Au moyen de la disposition ci-dessus & du remplacement anuuel des culottes au complet, ainsi que de celui des habits & vestes, tant de la moitié du complet pour l'Infanterie étrangère, que du tiers du complet pour l'Infanterie françoise, il ne sera pas pourvu au remplacement des effets d'habillement emportés par les Déserteurs. *Ne sera point pourvu au remplacement des effets d'habillement emportés par les Déserteurs.*

Il sera permis aux bas Officiers & Soldats de se fournir de culottes de toile blanche pour l'été, sur la Masse destinée à leur entretien personnel; pourvu que le Conseil d'administration, présidé par l'Inspecteur, ait reconnu, après s'être fait représenter l'état de situation de cette Masse pour chacun desdits bas Officiers & Soldats, qu'elle est suffisante pour en permettre individuellement la dépense pour la totalité du régiment, & *Les bas Officiers & Soldats pourront se fournir de culottes de toile blanche pour l'été; à quelles conditions.*

qu'en conséquence elle ait été approuvée par ledit Conseil d'administration.

Gilets supprimés.

Les gilets sont supprimés; Sa Majesté se réservant d'en faire fournir, en temps de guerre, dans l'arrière-saison, si, d'après les comptes qui lui seront rendus, Elle en juge l'usage nécessaire.

Habillement à délivrer aux bas Officiers & Soldats ayant obtenu la récompense militaire.

Il sera délivré aux bas Officiers & Soldats qui se retireront pour jouir de la récompense militaire, un habillement neuf, consistant en un habit, une veste, une culotte & un chapeau, le tout dans l'uniforme particulier qui sera ci-après réglé pour ceux qui auront obtenu cette récompense. L'habit des bas Officiers sera garni des marques distinctives de leur grade; & il leur sera délivré un sabre de ceux qui sont à leur vingtième année de service.

Marques distinctives & sabre aux bas Officiers dans ce cas.

Remplacement de ces habillemens.

Le remplacement des habits & vestes emportés par lesdits bas Officiers & Soldats, ne sera jamais demandé d'avance, mais seulement après leur départ du régiment.

Habillement à délivrer à ceux qui auront obtenu leur congé absolu ou les Invalides.

Ceux auxquels le congé absolu aura été accordé, de même que ceux qui auront obtenu les Invalides, auront un habit & une veste, des meilleurs de ceux qui seront à leur dernière année de service, ainsi qu'une culotte de l'avant-dernière livraison, & un chapeau.

Rien de l'habillement à ceux qui obtiendront des congés de grâce.

Ceux qui obtiendront des congés de grâce, ne pourront emporter aucune partie de l'habillement.

Médaillons de vétérance; terme de leur renouvellement.

Les médaillons de vétérance seront renouvelés tous les six ans aux bas Officiers & Soldats actuellement au service, qui en seront décorés.

ARTICLE 2.

De la Coiffure.

Chapeau; sa forme & ses dimensions.

LES bas Officiers & Soldats, tant des compagnies de Grenadiers que de celles de Chasseurs & de Fusiliers, porteront un chapeau, coupé rond, de trois pouces & demi au moins de profondeur de forme, & de quatre

pouces

pouces ſix lignes d'aile, bordé, de la manière dite *à cheval*, d'un bord de laine noire de neuf lignes de large; les ailes ſeront relevées avec des agrafes, à l'ordinaire, & celle du côté gauche ſera arrêtée par une ganſe noire, attachée à un petit bouton uniforme.

Sa retapure.

Le chapeau ſera retapé de manière que la corne du devant ſoit plus courte que les autres, ſuffiſamment relevée, & un peu tournée du côté du bouton; les agrafes de l'aile du derrière ſeront placées aſſez haut pour l'empêcher de ſe déformer. Il ſera garni d'une cocarde de baſin blanc, de forme ronde, & de trois pouces ſix lignes de diamètre; le deſſus de la forme le ſera, en temps de guerre, d'une calotte de fer évidée.

Cocarde.

Calotte de fer en temps de guerre.

Houppe au chapeau, pour diſtinguer la Compagnie.

Chaque compagnie de Grenadiers & de Chaſſeurs, ſera diſtinguée par une houppe ronde de laine, dont la hauteur ſera de deux pouces, & qui ſera portée au-deſſus de la cocarde: celle des Grenadiers ſera écarlate; celle des Chaſſeurs ſera verte; les compagnies de Fuſiliers porteront auſſi de la même manière des houppes de forme ronde & aplatie, de ſix lignes d'épaiſſeur & de vingt lignes de diamètre, leſquelles ſeront des couleurs affectées à leurs compagnies; ſavoir: dans le premier bataillon, bleu-de-roi pour la première compagnie; aurore pour la deuxième; violet pour la troiſième; & cramoiſi pour la quatrième. Dans le ſecond bataillon, bleu & blanc pour la première compagnie, aurore & blanc pour la deuxième, violet & blanc pour la troiſième, & cramoiſi & blanc pour la quatrième. Les deux Adjudans, le Tambour-major, l'Armurier & les Muſiciens, porteront la houppe en laine blanche, comme étant attachés à l'État-major.

Durée & remplacement des chapeaux.

Les chapeaux dureront deux ans, & ils ſeront en conſéquence remplacés chaque année par moitié au complet.

Bonnet de police.

Chaque bas Officier, Caporal, Appointé, Grenadier, Chaſſeur & Fuſilier, portera un bonnet de police, lequel ſera fait avec les économies de la coupe de l'habillement neuf & les meilleurs morceaux des débris du vieil habillement; & l'aunage, quant au drap, ſera réglé en conséquence par le devis ci-après; ce bonnet sera de drap, doublé de toile, & fait en forme de pokalem; le devant sera orné d'une plaque pareillement en drap, au milieu de laquelle seront cousus, pour les Grenadiers une grenade, pour les Chasseurs un cor, & pour les Fusiliers une fleur-de-lis, le tout de la couleur tranchante de l'uniforme, & des mêmes hauteur & dimensions que les grenades, cors & fleurs-de-lis des retroussis: cette plaque & le tour du bonnet seulement, seront garnis d'un liséré de ladite couleur tranchante. Le haut sera garni d'une frange de drap de la couleur distinctive. Le tour pourra se rabattre pour couvrir les oreilles du Soldat dans les temps froids & pluvieux, & s'attachera sous le menton par des crochets & agrafes.

ARTICLE 3.

Des Marques distinctives du grade des Adjudans, Sergens-majors, Fourriers, Sergens, Caporaux, Appointés & Soldats-gentilshommes.

Adjudans. LES Adjudans porteront l'épaulette à fond de soie couleur de feu; elle sera traversée, dans le milieu de sa longueur, de deux cordons de tresse d'or ou d'argent, suivant la couleur du bouton.

Sergens-majors. Les Sergens-majors porteront sur le côté extérieur de l'avant-bras, deux galons d'argent fin de dix lignes de large, lesquels seront placés obliquement d'une couture de la manche à l'autre; de manière que le bout du premier qui touchera à la couture intérieure se trouve à neuf lignes plus haut que le parement, & que le bout qui joindra la couture extérieure soit à trois pouces & demi plus haut que le bord supérieur du dessous dudit parement. Le second galon sera placé parallèlement au premier à six lignes au-dessus.

Fourriers. Les Fourriers porteront deux bandes de galon d'argent fin, large de dix lignes, cousues en travers sur le dehors de la manche, au-dessus du pli du bras.

Les Sergens porteront un ſeul galon d'argent, placé comme celui d'en-bas des deux qui ſont la diſtinction du Sergent-major. *Sergens.*

Pour rendre apparent ſur le blanc les galons diſtinctifs des grades, ils ſeront garnis d'un paſſe-poil de la couleur des diſtinctions. *Les galons garnis d'un paſſe-poil.*

Les Caporaux des régimens qui auront l'habit blanc, porteront ſur le côté extérieur de l'avant-bras, deux galons de laine bleue de dix lignes de large, placés comme ceux des Sergens-majors. Ceux des régimens qui porteront l'habit, ſoit en bleu, ſoit en rouge, porteront les diſtinctions en galon de fil blanc. *Caporaux.*

Les Appointés porteront un ſeul galon de laine bleue ou de fil blanc, placé comme celui d'en-bas des deux qui ſont la diſtinction des Caporaux. *Appointés.*

Les Soldats qui ſeront Gentilshommes, porteront pour diſtinction, l'épaulette & la contre-épaulette en galon large de quinze lignes, d'or ou d'argent, ſuivant la couleur du bouton; laquelle épaulette, ſans frange, ſera doublée & liſérée de drap de la couleur diſtinctive de l'uniforme pour ceux qui ſerviront dans les compagnies de Fuſiliers, de drap écarlate pour les Grenadiers & de drap vert pour les Chaſſeurs. *Soldats-gentilshommes.*

Les Soldats-charpentiers auront pour marque diſtinctive, ſur le dehors de la manche au-deſſus du pli du bras, deux haches en ſautoirs, dont le manche, fait de galon de laine bleue ou de fil blanc, ſuivant que le fond de l'uniforme ſera blanc ou bleu ou rouge, aura cinq lignes de large & cinq pouces de longueur; le fer, marqué en galon ſemblable, aura dix lignes à l'extrémité, cinq lignes à l'emmanchure & deux pouces de long; le tout conformément au deſſin gravé (*planche I.ere n.o 8.*) *Soldats-charpentiers.*

Les hommes rengagés, continueront de porter le chevron ou le double chevron en laine bleue, de dix lignes de large, pour les régimens qui portent l'habit blanc, & en fil blanc de même largeur pour ceux qui portent l'uniforme rouge ou bleu. *Hommes rengagés.*

Les distinctions réglées, mises en petit galon sur les vestes.

Les distinctions ci-dessus réglées pour les Caporaux, Appointés & hommes rengagés, seront mises sur les vestes; mais les galons qui y seront employés n'auront que cinq lignes de largeur.

ARTICLE IV.

De l'Habillement des Tambours & des Musiciens.

Habit; couleurs distinctives.

LES Tambours porteront l'habit de drap bleu affecté à la livrée du Roi, avec les paremens, revers, vestes, culottes & doublures des couleurs déterminées, coupe de poche & placement de boutons réglés pour chaque régiment; à l'exception de ceux de la Reine, des Princes du Sang, des régimens Allemands (autres que ceux qui ont le titre de Royal), des Irlandois, des Suisses & Grisons, & des régimens François qui ont un Mestre-de-camp propriétaire, lesquels continueront de porter la livrée des Mestres-de-camp, en se conformant toutefois aux distinctions de l'uniforme de chaque Corps; de sorte que les paremens & revers qui se trouveront dans l'uniforme des Soldats, de même couleur que le fond de leur habit, soient de même drap pour les Tambours que celui de leur habit.

Galons & agrémens.

L'habit sera bordé d'un galon de livrée de la largeur de neuf lignes; les manches seront bardées de sept bandes de même galon, cousues sur le dehors du bras, d'une couture à l'autre, à distances égales; le devant de l'habit, au-dessous des revers, sera, de chaque côté, garni de trois agrémens de galon de même livrée, de dix-huit lignes de large; la patte de la poche & le dessous seront également garnis de six agrémens, & le parement le sera de deux.

Habit du Tambour-major.

L'habit du Tambour-major sera le même que celui des autres Tambours; il sera de plus garni d'un galon de même livrée, large de neuf lignes, sur les coutures de la taille; & il sera substitué au bordé & aux agrémens

de

de livrée sur les paremens, un double bordé en galon d'argent, large de dix lignes.

Défenses de le galonner en or ou en argent, ni d'y faire de changement.

Défend Sa Majesté de faire galonner les habits du Tambour-major en galon d'or ou d'argent, d'y ajouter des épaulettes à franges, & d'apporter aucun changement à la disposition précédente : voulant que s'il s'en trouve, la suppression en soit sur le champ ordonnée par l'Officier général qui inspectera le régiment, & qui sera tenu d'en rendre compte.

Habit des Musiciens.

Les Musiciens attachés à chaque régiment, porteront l'habit du fond de l'uniforme ci-dessus réglé pour les Tambours, mais sans livrée ; le parement sera bordé autour, d'un galon d'argent fin, large de dix lignes ; les revers, paremens, doublure, veste & culotte, seront au surplus les mêmes que ceux qui ont été réglés pour les Tambours.

Caisse des Tambours ; leurs poids & dimensions.

Le fût ou caisse des Tambours continuera d'être en cuivre, d'un pied de hauteur sur quatorze pouces de diamètre ; il ne sera gravé ou timbré d'aucun ornement, écussons ou trophées, & il pesera sept livres & demie au moins ; la hauteur de chacun des deux cercles sera d'un pouce six lignes.

ARTICLE 5.

De l'habillement des Officiers.

Habillement des Officiers comme celui des Soldats ; seules différences.

L'HABILLEMENT des Officiers sera parfaitement conforme à celui des Soldats de leur régiment, & ne différera que par la qualité des draps qui seront d'Elbœuf ou des manufactures de même espèce, ainsi que par celle des boutons qui seront dorés ou argentés.

Ornemens proscrits.

Ils ne porteront point, sous aucun prétexte, de doublure de soie à quelque partie de leur habillement que ce soit, ni aucuns galon ou boutonnières de fil d'or ou d'argent, que ceux qui seront réglés pour l'uniforme : toute espèce de liséré, passe-poil de couleur & distinctions quelconques, autres que celles déterminées pour l'habillement des Soldats, sont & demeureront prohibées.

Les crochets du collet de l'habit & les deux premiers sur la poitrine seront toujours agrafés; le jabot de la chemise ne sera aucunement apparent.

Manchettes. Les manchettes seront de mousseline ou de batiste, de la hauteur de dix-huit à vingt lignes, bordées d'un ourlet plat, sans broderie ni feston: l'usage des manchettes à dentelles continue d'être absolument prohibé.

Col. Le col sera de basin blanc, de la largeur de vingt à vingt-quatre lignes, & se portera de manière qu'il couvre entièrement le col de la chemise.

Pourront porter, l'été, des vestes & culottes de basin blanc. Les Officiers pourront porter en été des vestes & des culottes de basin blanc; mais elles seront uniformes dans chaque régiment, tant pour la qualité que pour la coupe qui sera semblable à celle des vestes de drap: les gilets sans basques sont prohibés.

Culottes & bas noirs pour l'hiver. Ils porteront du 1.er Octobre au 1.er Avril, des culottes d'étoffe de laine noire en calemande, prunelle ou autre de même genre, ainsi que des bas de soie ou de laine noire; & il est expressément ordonné aux Commandans des régimens de tenir la main à ce que tous les Officiers soient tenus uniformément à cet égard, excepté lorsqu'ils seront de garde ou exercice de parade, & conséquemment dans le cas de porter la culotte & les guêtres blanches.

Boucles de souliers, uniformes. Ils auront des boucles de souliers d'argent, semblables au modèle qui sera envoyé à chaque régiment, & dont le dessin développé se trouve (*n.° 9 de la Planche I.ere*); auquel dessin lesdits Officiers seront tenus de se conformer exactement, ainsi qu'aux dimensions de la boucle, qui sera plus ou moins cambrée, suivant qu'il sera nécessaire.

Redingottes; leurs forme & distinctions. Les Officiers, pendant la paix, auront des redingottes uniformes croisées, à collet droit & rotonde; le collet aura vingt-une lignes de hauteur, & la rotonde, de six à ſept pouces ſur le milieu de l'épaule, & de ſept à huit pouces par-derrière; les paremens ſeront faits en botte, de trois pouces & demi à quatre pouces de hauteur; ils ſeront de la couleur tranchante de l'uniforme pour les Officiers des régimens qui auront le parement de couleur diſtinctive; & ceux dont le parement eſt de la couleur du fond de l'habit, porteront de même ſur la redingotte, le parement de la couleur dont elle ſera. Le collet ſera pareillement de la couleur diſtinctive pour les Officiers des régimens qui porteront les revers de l'habit en couleur diſtinctive, & du fond de la redingotte pour ceux qui portent les revers du même drap que le fond de l'habit; en ſorte qu'il n'y aura que les Officiers des Corps dont l'uniforme eſt à revers & paremens de couleur de diſtinction, qui porteront le collet & les paremens en couleur diſtinctive ſur la redingotte, qui au ſurplus ſera garnie de chaque côté, de ſix gros boutons à l'uniforme du régiment.

Pourront porter des manteaux à la guerre.

A la guerre ſeulement, les Officiers d'Infanterie pourront porter des manteaux de drap de la couleur de celui de l'habit, ſans nulle autre couleur diſtinctive; les rotondes de ces manteaux ſeront bordées d'un galon d'or ou d'argent d'un pouce de largeur, ſelon que le bouton de l'uniforme ſera doré ou argenté.

Cheveux: comment liés & friſés.

Les cheveux des Officiers ſeront liés par-derrière en catogan, qui ne dépaſſera pas la couture du collet de l'habit, & ſera couverte d'un cuir noirci; ceux des faces ſeront arrangés proprement & ſimplement pour former une ſeule boucle de chaque côté.

Chapeaux, cocardes & houppes.

Ils ſeront coiffés avec des chapeaux de la grandeur preſcrite pour les Soldats, bordés d'un galon de ſoie noire de cinq lignes de large, retapés uniformément comme ceux de la Troupe, & garnis d'une cocarde de baſin blanc de trois pouces ſix lignes de diamètre, au-deſſus de laquelle ſera miſe la houppe en poil de chèvre, de la couleur affectée à leur compagnie: celle des Officiers de l'État-major fera blanche ; aucun Officier ne pourra porter de plumes ni plumets avec fon habit uniforme.

Comment vêtus au régiment ou dans leur province.

Tous les Officiers, de quelque grade qu'ils foient, ne pourront porter à leur régiment d'autres vêtemens que leur habit uniforme, accompagné de tous fes acceffoires; & quand ils feront dans leur province ou dans toute ville ou place, autre que celle de leur garnifon, par femeftre ou par congé, ils pourront être vêtus à leur gré, foit en uniforme, foit en habit bourgeois; mais dès qu'ils feront en habit uniforme, il leur eft expreffément défendu de fe permettre aucune addition ni retranchement à toutes les parties prefcrites comme uniforme par le préfent Règlement : ordonnant Sa Majefté aux Officiers généraux commandans ou employés dans fes provinces, & aux Commandans particuliers en fes villes & places, de veiller & tenir la main à ce qu'aucun Officier qui, abfent de fa garnifon, feroit en réfidence dans une defdites provinces, villes ou places, y foit revêtu de fon uniforme, autrement qu'accompagné de toutes les parties qui le conftituent; leur enjoignant Sa Majefté d'en faire défenfe auxdits Officiers à la première infraction, &, dans les cas de récidive, de les faire mettre en prifon & d'en rendre compte fur le champ au Secrétaire d'État ayant le département de la guerre.

ARTICLE 6.

Des marques diftinctives des grades des Officiers.

Meftre-de-camp-commandant.

LE Meftre-de-camp-commandant portera, de chaque côté, une épaulette de treffe ou galon plein en or ou en argent, felon la couleur du bouton blanc ou jaune affecté au régiment; fa largeur fera de vingt-quatre lignes, & fa longueur ne dépaffera pas la couture de la manche de l'habit; elle fera ornée d'une frange à graines d'épinars & cordes à puits de la longueur de deux pouces; toute efpèce de broderie ou paillette eft & demeure défendue.

Le

Le Meſtre-de-camp en ſecond portera, de chaque côté, comme le Meſtre-de-camp-commandant, une épaulette ornée des mêmes franges; mais au lieu d'être pleine en or ou en argent, le milieu ſera traverſé dans ſa longueur par un cordon de ſoie, couleur de feu, treſſée comme les autres cordons d'or ou d'argent. *Meſtre-de-camp en ſecond.*

Le Meſtre-de-camp à la ſuite portera, de chaque côté, comme le Meſtre-de-camp-commandant, une épaulette ornée des mêmes franges; mais elle ſera coupée dans le milieu de ſa longueur par deux cordons de ſoie couleur de feu. *Meſtre-de-camp à la ſuite.*

Le Lieutenant-colonel portera, à gauche, une ſeule épaulette garnie de frange & agrémens, pareille à l'épaulette du Meſtre-de-camp-commandant. *Lieutenant-colonel.*

Ceux des Officiers qui auront le grade de Brigadier des armées, porteront pour diſtinction ſur l'épaulette, une étoile brodée d'or ou d'argent, en oppoſition à la couleur de l'épaulette. *Officiers ayant le grade de Brigadier.*

Le Major portera, de chaque côté, une épaulette en or ou en argent, ornée de frange à graines d'épinars ſeulement. *Major.*

Les Capitaines-commandans porteront, ſur l'épaule gauche, une épaulette pareille à celle du Major. *Capitaines-commandans.*

Les Capitaines en ſecond porteront la même épaulette coupée, dans le milieu de ſa longueur, par un cordon de ſoie treſſée couleur de feu. *Capitaines en ſecond.*

Les Capitaines de remplacement porteront la même épaulette que les Capitaines-commandans, à la ſeule différence qu'elle ſera coupée, dans le milieu de ſa longueur, par deux cordons de ſoie treſſée couleur de feu. *Capitaines de remplacemens.*

Les Lieutenans en premier ne pourront porter l'épaulette pleine en or ou en argent; elle ſera loſangée de carreaux de ſoie couleur de feu, ſur un fond de treſſe ou galon d'or ou d'argent uniforme à la couleur du bouton; la frange qui la terminera ſera de filés d'or ou d'argent & *Lieutenans en premier.*

de soie, en proportion du mélange qui sera dans le tissu de l'épaulette.

Lieutenans en second. Les Lieutenans en second porteront la même épaulette que les Lieutenans en premier, à la seule différence qu'elle sera traversée, dans le milieu de sa longueur, par un cordon de soie tressée couleur de feu.

Sous-lieutenans. Les Sous-lieutenans porteront l'épaulette à fond de soie couleur de feu, avec des carreaux tressés d'or ou d'argent, uniformes à la couleur du bouton; & les franges seront mêlées de soie & de filés d'or ou d'argent, en proportion du mélange de l'épaulette.

Sous-lieutenans de remplacement. Les Sous-lieutenans de remplacement porteront la même épaulette que les Sous-lieutenans, mais elle sera coupée, dans le milieu de sa longueur, par un cordon d'or ou d'argent tressé.

Quartier-maître-trésorier. Le Quartier-maître-trésorier portera l'une des épaulettes réglées pour la distinction des Lieutenans en premier ou en second, suivant le rang auquel il sera parvenu dans le régiment.

Porte-drapeaux. Les Porte-drapeaux porteront l'épaulette à fond de soie couleur de feu, liserée d'or ou d'argent, suivant la couleur du bouton; elle sera garnie de franges assorties.

Ne pourront porter que les épaulettes distinctives des emplois qu'ils exerceront : défense d'y faire aucun changement. Les Officiers ne pourront porter que les épaulettes distinctives des emplois qu'ils exerceront, quand même ils seroient pourvus de grades supérieurs; & ils ne se permettront aucun changement ou agrément quelconques dans les marques distinctives ci-dessus réglées, sous les peines que Sa Majesté se réserve de prononcer, d'après le compte qui lui en seroit rendu,

ARTICLE VII.

De l'équipement des bas Officiers & Soldats.

Les bas Officiers, les Grenadiers, les Chasseurs, Tambours & Musiciens armés de sabres. LES Adjudans, Sergens, Fourriers, Caporaux, Grenadiers, Chasseurs, Tambours & Musiciens, seront armés de sabres; les Fusiliers n'en porteront point.

Le ceinturon destiné à porter le sabre, sera fait en baudrier, de buffle blanc, de la longueur de quatre pieds dix pouces, & large de vingt-sept lignes; ce ceinturon sera fait, non-seulement pour recevoir le fourreau du sabre, qui y sera attaché avec une petite courroie bouclée sur le ceinturon, mais encore pour recevoir l'étui de la baïonnette, placé au-dessus du sabre, & qui sera attaché de la même manière; le baudrier croisera sur l'habit avec la courroie porte-giberne, qui sera mise par-dessus. *Ceinturon*

La giberne pour les Grenadiers, Chasseurs & Fusiliers, sera de fort cuir de vache noirci sur chair, & composée de trois pièces; l'une pour la pattelette, le derrière, le dessous & le devant, & les deux autres pour les côtés; ces trois pièces rassemblées & cousues solidement, formeront une boîte de quatre pouces & demi de profondeur; les côtés seront arrondis pour former le cintre de la pattelette; la giberne sera bordée, aux deux flancs seulement, en cuir de vache ou de veau. *Giberne.*

Le coffre sera d'un morceau de bois de huit pouces & demi de longueur, sur deux pouces & demi de hauteur; percé dans le milieu de six trous sur deux rangs, & évidé de droite & de gauche en forme carrée, pour recevoir de chaque côté un paquet de quinze cartouches; les chanfreins de ces trous seront arrondis avec la lime douce, pour conserver le papier des cartouches; on logera dans un trou à cartouche une petite fiole à l'huile en fer-blanc.

La pattelette de la giberne sera sans bordure; elle sera coupée carrément, en telles proportions, qu'elle puisse déborder d'un pouce chaque flanc du coffret, & d'un pouce & demi son extrémité.

Il sera cousu sous la pattelette un morceau de cuir de veau noirci, de la largeur de la boîte de la giberne, laquelle pattelette se boutonnera sur le devant de cette boîte pour la couvrir & préserver les cartouches de l'humidité.

Il ſera pareillement couſu au milieu, & ſur le devant de la giberne, une petite bourſe de cuir de veau noirci, pour mettre les pierres à fuſil, la pièce graſſe & le tire-balle; & l'entrée de cette bourſe, garnie d'un petit bouton, ſe fermera par une patte à boutonnière qui s'y attachera.

La traverſe, derrière la giberne, ſera de deux pouces de large, en cuir fort, piquée de deux coutures pour paſſer les deux bouts du porte-giberne.

Il y aura au-deſſous de la giberne deux boucles de cuivre couſues à revers, larges de treize lignes, avec ardillons de fer enchappés en cuir de vache, pour recevoir les petites courroies du porte-giberne.

Il ſera placé pareillement ſous la giberne, une courroie d'un pouce de large & une boucle, à laquelle viendra s'attacher une autre courroie de même largeur, couſue en dedans de la pattelette, pour fermer la giberne: on coudra à la partie droite de la giberne, un morceau de buffle de quatre pouces & demi de long ſur un pouce de large, pour ſervir à la fixer, au moyen d'une boutonnière, au bouton de la taille de l'habit.

Giberne des Fourriers & Sergens.

La giberne des Fourriers & Sergens, ſera la même que celle ci-deſſus décrite, à l'exception qu'elle ſera plus petite & plus légère; le coffret de cette giberne ne devant avoir que ſept pouces de longueur ſur deux pouces ſix lignes de hauteur & deux pouces trois lignes d'épaiſſeur; ledit coffret au ſurplus ne ſera point percé de trous à cartouches: elles ſe placeront dans deux ouvertures de forme carrée qui emploîront toute la longueur du coffret, ſauf une ſéparation de trois lignes d'épaiſſeur qui ſera laiſſée au milieu.

Porte-giberne.

La courroie porte-giberne, ſera de buffle blanc, longue de quatre pieds huit à dix pouces, & large de trente-ſix lignes; les extrémités ſeront prolongées par deux petites courroies de buffle blanc de treize lignes de large, & de la longueur de ſix à ſept pouces, qui s'attacheront aux deux boucles de la giberne.

Il

Il ſera ajouté ſur le bord de la partie antérieure du porte-giberne des Fuſiliers, un porte-baïonnette en buffle, garni d'une boucle de cuivre & d'un paſſant. *Porte-baïonnette.*

La bretelle de fuſil ſera également de buffle blanc, longue de deux pieds dix pouces & large de ſeize lignes; elle ſera garnie à l'un des bouts d'une boucle de cuivre de forme convexe, & de lanières de cuir au bout oppoſé. *Bretelle de fuſil.*

Le collier ou porte-caiſſe de tambours, ſera également de buffle blanc, de trois pieds & demi de longueur ſur trente-quatre lignes de largeur au milieu & quatre pouces trois lignes aux deux extrémités, qui ſeront coupées en biais; il y ſera ajouté deux petites lanières de buffle, auxquelles il ſera adapté un crochet de cuivre deſtiné à porter la caiſſe du Tambour. *Collier de Tambour.*

Les Soldats-charpentiers porteront une hache, dont le fer, de la forme ordinaire des haches de Charpentier, aura onze pouces de talon juſqu'au tranchant; ce talon débordera le manche de onze lignes, & aura dix lignes d'épaiſſeur; la hauteur de l'emmanchure ſera, au talon, de quatre pouces dix lignes, & elle diminuera juſqu'à la naiſſance du tranchant de la hache où elle ne ſera plus que de trois pouces quatre lignes; à cet endroit le fer de ladite emmanchure ſera coupé carrément, de la hauteur de neuf lignes, pour former le tranchant de la hache; la hauteur du tranchant ſera de quatre pouces, & elle diminuera inſenſiblement juſque près le manche où elle ſera réduite à deux pouces ſix lignes, & où le fer aura ſept lignes d'épaiſſeur. *Hache des Soldats-charpentiers.*

Le manche aura trois pieds huit pouces de longueur, y compris la partie qui entrera dans le fer; il ſera garni à ſon extrémité d'une virole de cuivre de trois pouces de longueur.

Cette hache ſera portée dans un étui de buffle blanc; elle y ſera contenue par une petite courroie qui ſe bouclera dans une boucle de cuivre enchapée, couſue ſur le deſſus de l'étui; la courroie porte-hache, qui ſera *Étui de la hache.*

également de buffle blanc, aura cinq pieds de longueur & trente-six lignes de largeur: elle sera cousue par ses deux extrémités à l'étui, & garnie d'un anneau de buffle pour passer le manche de la hache.

Tablier des Soldats-charpentiers.

Les Soldats-charpentiers auront de plus un tablier, fait d'une peau de mouton blanchie, d'environ trois pieds de hauteur sur deux pieds quatre pouces de largeur au-dessous de la bavette, deux pieds de largeur au milieu & deux pieds sept pouces par le bas. Il sera attaché par le haut avec une petite lanière de buffle garnie d'un bouton qui passera derrière le col & viendra se boutonner au tablier, lequel aura en cet endroit une petite ouverture; il sera également attaché à la ceinture avec deux lanières de buffle.

Durée & remplacement des effets d'équipement.

La durée des sabres, ceinturons, gibernes, porte-gibernes, bretelle de fusils, caisses & colliers de tambours, haches & tabliers de Charpentiers, est fixée à vingt ans; au moyen de quoi ces différens objets d'équipement seront remplacés chaque année par vingtième au complet.

ARTICLE 8.

De l'équipement des Officiers.

Épée.

L'ÉPÉE, pour tous les Officiers indistinctement, sera à garde de cuivre doré, & poignée d'argent doré à la Mousquetaire; la lame sera plate & forte, & de vingt-six à vingt-huit pouces de longueur, suivant la différence des tailles.

Dragonne: défense d'en porter d'autre que celle attribuée à l'emploi qu'on exercera.

L'épée sera garnie d'une dragonne ou cordon mêlé de filés d'or & de soie couleur de feu, dans la forme & la proportion déterminées pour le mélange des épaulettes. Le gland sera garni d'une frange conforme à celle réglée pour l'épaulette de chaque grade; & il est expressément défendu à tout Officier d'en porter une autre que celle attribuée à l'emploi qu'il exercera.

Le ceinturon ſera de buffle blanc de la largeur de deux pouces & fait en baudrier. *Ceinturon.*

La giberne des Officiers aura ſept pouces quatre lignes de longueur ſur trois pouces quatre lignes de hauteur, & deux pouces d'épaiſſeur; le tout compris celle du cuir qui couvrira le coffret, lequel ſera percé de ſeize trous ſur deux rangs: la pattelette ſera coupée de manière qu'elle puiſſe déborder le corps de la giberne d'un demi-pouce ſur les côtés, & d'un pouce par le bas, qui ſera droit ſans feſton; les angles ſeulemenr ſeront arrondis. *Giberne.*

La courroie porte-giberne ſera de buffle blanc large de deux pouces, & de la longueur proportionnée à la taille. *Porte-giberne.*

La bretelle de fuſil ſera de buffle blanc, large de ſeize lignes. *Bretelle de fuſil.*

Tous les Officiers indiſtinctement, qui ſeront de ſervice, y compris ceux de l'État-major, porteront le hauſſe-col de cuivre doré, orné, dans le milieu, d'un médaillon en argent aux armes du Roi. *Hauſſe-col.*

ARTICLE 9.

De l'armement des bas Officiers & Soldats.

INDÉPENDAMMENT du ſabre que porteront les Sergens, Fourriers, Caporaux, Grenadiers & Chaſſeurs, comme il eſt ordonné à l'article de l'équipement, ils ſeront armés, ainſi que les Appointés & Fuſiliers, d'un fuſil & d'une baïonnette; les Sergens de Grenadiers du régiment Dauphin, continueront de porter, au lieu du fuſil & de la baïonnette, la fourche dont ils ſont armés. *Tous les bas Officiers & Soldats armés d'un fuſil & d'une baïonnette.* *Fourche aux Sergens de Grenadiers du régiment Dauphin.*

Les Fourriers des compagnies de Fuſiliers, porteront pour les campemens, une fiche longue de ſix pieds, garnie d'une banderole de drap de la couleur diſtinctive du régiment, & ſur laquelle le numéro ſera mis d'une manière très-apparente en couleur oppoſée. *Les Fourriers des compagnies de Fuſiliers porteront une fiche pour les campemens.*

ARTICLE 10.

De l'armement des Officiers.

Les Officiers des Compagnies, armés d'un fuſil & d'une baïonnette.

Les Officiers ſupérieurs porteront l'épée à la main ſous les armes.

Le ceinturon ſera porté en bandoulière.

Contre-épaulette.

LES Officiers des compagnies de Grenadiers, de Chaſſeurs & de Fuſiliers, ſeront armés d'un fuſil & d'une baïonnette, en outre de l'épée déſignée à l'article de l'équipemént; les Meſtres-de-camp-commandans, Meſtres-de-camp en ſecond, Lieutenans-colonels & Majors, ſous les armes, porteront l'épée à la main, ſoit à cheval, ſoit à pied. Tous les Officiers de l'Infanterie françoiſe & étrangère, étant pareillement ſous les armes, porteront le ceinturon en bandoulière, & il ſera contenu par une contre-épaulette ſemblable à celle du grade, mais ſans frange, ni bordure en corde à puits; elle ſera terminée carrément par le bas, qui ſera couſu à l'endroit de la jonction de la manche à l'habit, & ſe boutonnera à un petit bouton uniforme, attaché à la naiſſance du colet.

ARTICLE 11.

Du petit équipement dont chaque bas Officier & Soldat ſera pourvu.

Détail des effets de petit équipement.

CHAQUE bas Officier & Soldat aura trois bonnes chemiſes; deux cols de baſin blanc; deux culottes; deux paires de ſouliers, dont une neuve; une paire de guêtres de toile blanche; une paire de toile noircie; une paire de guêtres d'étoffe de laine noire, doublée de toile; deux paires de manchettes de guêtres de toile blanche avec boutons noirs; deux mouchoirs; deux paires de bas; une boucle de col; une paire de boucles de ſouliers; deux paires de boucles de jarretières, dont une pour la culotte & une pour les guêtres; un ſac à poudre & une houppe à poudrer; un peigne à retaper; un peigne à décraſſer; une broſſe pour l'habit & le chapeau; deux broſſes pour les ſouliers; une petite broſſe pour nettoyer le cuivre; un pinceau pour blanchir la buffleterie; un dez à coudre;

du

du fil; des aiguilles; un tire-bouton; un tire-bourre; une épinglette; un tourne-vis; des morceaux de vieux drap pour frotter les taches de son habit; & du vieux linge pour nettoyer son arme.

Les chemises, guêtres & manchettes de guêtres, seront marquées d'une lettre affectée à chaque compagnie. *Effets à marquer de la lettre de la Compagnie.*

Les manches de chemise seront à la matelotte; les seuls Sergens & Fourriers porteront des manchettes, sans rayure ni feston, de douze à quinze lignes de hauteur, y compris l'ourlet, qui sera de deux lignes. *Les Sergens & Fourriers porteront des manchettes.*

Les cols seront de basin blanc, de la largeur de vingt à vingt-deux lignes, doublés d'une toile blanche forte, & attachés avec des boucles de cuivre, carrées en dedans, ayant les angles extérieurs arrondis. *Cols.*

Les guêtres de toile blanche seront mises pour les gardes & exercices de parade; celles de toile noircie, pour faire le service ordinaire & pour les routes l'été; & celles d'étoffe de laine noire, pour le service ordinaire & pour les routes pendant l'hiver; ces guêtres seront garnies de vingt à vingt-quatre petits boutons, en toile pour les guêtres blanches, & en cuir pour les guêtres noires. La guêtre montera jusqu'à la rotule du genou, dont elle couvrira le mouvement; elle s'attachera au premier & au deuxième bouton d'en bas de la culotte, par deux boutonnières perpendiculaires faites du côté des boutons de ladite guêtre, la première au-dessus & en dehors du premier bouton, & la deuxième entre le deuxième & le troisième bouton & en dedans; en sorte que le premier bouton de la culotte soit couvert par la guêtre qui croisera par-dessus, & que l'on n'aperçoive que celui auquel sera attaché le haut de la guêtre; la couture partagera également la jambe par-derrière, & les boutons seront sur la ligne de ceux de la culotte; le bas de la guêtre emboîtera bien le coude-pied & couvrira entièrement la boucle & les deux tiers au moins du quartier du soulier; les jarretières seront de la toile ou étoffe de la guêtre, *Guêtres.*

& s'attacheront avec des boucles de cuivre jaune unies, carrées en dedans & arrondies aux angles extérieurs, lesquelles seront posées sur le milieu de la couture du derrière des guêtres, au-dessous du pli du jarret.

Souliers. Les souliers seront façonnés avec du cuir de la meilleure qualité; la dernière semelle sera garnie de clous à tête plate & large, dont la pointe sera rabattue & rivée avant que ladite semelle soit cousue; il y aura une semelle intermédiaire entre la première & cette dernière; le dernier cuir du talon sera pareillement garni de clous, dont les pointes seront rabattues & rivées avant qu'il soit cousu; le talon n'aura qu'un pouce de haut.

Havresac. Le havresac sera de peau de veau à poil, doublé d'une forte toile; il aura un pied de profondeur sur quatre pouces d'épaisseur & dix-huit pouces de largeur, formant un carré-long; le dessus du havresac sera fait de façon à bien recouvrir l'ouverture, pour garantir de la pluie les effets qu'il renfermera; il sera cousu, en dedans, un morceau de toile de la longueur & hauteur du havresac, pour former une séparation dans le milieu; & on coudra encore un autre morceau de toile, de la séparation à la partie antérieure du havresac, pour placer les souliers, le sac à poudre & l'étui de fer-blanc; l'autre partie servira à mettre le pain. Ce havresac devra contenir, outre le pain pour quatre jours, les effets du petit équipement que le Soldat aura à porter dans les marches, indépendamment de ce qu'il en aura alors sur lui; il sera fermé avec trois petites courroies & leurs boucles, & porté avec des bretelles de buffle.

Sac de toile pour les distributions & pour coucher. Chaque Soldat sera en outre pourvu d'un sac de toile pour les distributions, dans lequel il pourra s'envelopper pour coucher.

ARTICLE 12.

De la Tenue dans les Corps, en garniſon & en route.

L'UNIFORMITÉ dans l'arrangement des objets de l'habillement & de l'équipement du Soldat, doit être réunie à la grande propreté; les Officiers & bas Officiers veilleront ſoigneuſement à ce que l'une & l'autre ſoient obſervées avec exactitude, & à ce que toutes les parties deſdits habillement & équipement ſoient entretenues dans le meilleur état; ils ſeront reſponſables de l'exécution de tout ce qui ſera ci-après preſcrit à ce ſujet, & s'y conformeront avec la plus ſcrupuleuſe préciſion, en ce qui peut les concerner perſonnellement. *Uniformité recommandée.* *Entretien de l'habillement & de l'équipement.*

Il n'y aura que les Grenadiers qui pourront porter des mouſtaches; & il leur eſt défendu de les cirer & d'y mettre aucune drogue ou matière graiſſeuſe, l'uſage en étant mal-propre & mal-ſain. *Les Grenadiers ſeulement pourront porter des mouſtaches.*

Les cheveux ſeront liés en catogan, couverte d'un cuir noirci, dont l'uſage eſt connu; ils ſeront coupés courts ſur la tête; ceux des faces le ſeront de la manière dite, *à l'avant-garde*. *Cheveux liés en catogan.* *Ceux des faces, à l'avant-garde.*

Les cheveux ſeront poudrés les jours de parade & les Dimanches & Fêtes: il eſt expreſſément défendu d'employer de la poudre & de la pommade pour groſſir la catogan, qui ne pourra être que du volume des cheveux dans leur état naturel. *Quand poudrés: la catogan dans l'état naturel.*

Le chapeau ſera enfoncé ſur le ſourcil droit, la corne de devant placée au-deſſus du ſourcil gauche, qui ſera découvert de l'épaiſſeur d'un demi-pouce; il ſera bien battu, nettoyé, & toujours tenu dans la même retapure, ſans qu'il y ſoit fait aucune eſpèce de changement. *Comment ſera placé le chapeau ſur la tête.* *Entretien du chapeau: ſa retapure maintenue.*

Le col ſera bien tendu ſans être trop ſerré; il ſera *Comment ſera mis le col.*

tenu remonté le plus possible, & couvrira entièrement le col de la chemise.

Usage du son pour la propreté de l'habillement : toute autre matière proscrite.

Les Troupes ne se serviront que de son, & le moins qu'il sera possible, pour maintenir la propreté de l'habillement, sans nuire à sa solidité : l'usage de toute autre matière reconnue caustique & corrosive demeurant défendu.

L'habillement battu & vergeté; manière d'en ôter les taches.

Toutes les parties de l'habillement seront bien battues & vergetées; toutes les taches seront enlevées, soit avec du savon, soit avec de la pierre à détacher, employée avec de l'eau très-propre qu'on laissera sécher naturellement sur la tache, & qu'on enlèvera ensuite en frottant légèrement l'étoffe contre elle-même; les boutons & les boucles seront parfaitement éclaircis avec du blanc d'Espagne délayé, dont il sera formé une pâte liquide avec laquelle on brossera les objets qui auront besoin d'être nettoyés; & pour que cet entretien ne gâte pas les habits & les vestes, on enchâssera les boutons dans un morceau de bois fait exprès, dont la forme est connue dans la plupart des régimens, & au moyen duquel, l'étoffe étant couverte, les boutons pourront être frottés sans inconvénient.

Manière d'éclaircir les boutons & les boucles.

Défense de laver entièrement les habits.

Il est défendu de laver entièrement les habits dans aucune circonstance que ce puisse être; cette méthode étant très-nuisible à la conservation des étoffes.

Position de l'habit étant sur le corps.

Le collet de l'habit sera toujours agrafé, ainsi que les deux crochets du haut des revers; les manches de l'habit seront tirées assez bas pour qu'on ne voie pas le poignet de la chemise; les retroussis seront agrafés.

Idem *de la veste.*

La veste sera boutonnée dans toute sa longueur, & bien tirée en bas, pour qu'elle emboîte parfaitement les hanches.

Idem *de la culotte.*

On remontera le plus possible la culotte, dont la ceinture sera assujettie au-dessus de la hanche au moyen d'une d'une boucle; la culotte sera également contenue au-dessous du genou par les boucles.

On boutonnera bien droit la guêtre, & on la tirera en même-temps de par-tout, pour qu'elle soit bien tendue. *Idem, des guêtres.*

Les armes seront bien nettes sans être polies; la bretelle de fusil sera plaquée & serrée contre l'arme, la demi-boucle à la hauteur de la capucine; les vis & les écrous seront tenus en bon état; les pierres bien placées & contenues entre deux plombs; elles chasseront bien la batterie, & les coins en seront cassés pour ne point gâter le canon ni blesser le Soldat. *Les armes tenues nettes & en bon état: comment placée la bretelle de fusil.*

Toute la buffleterie sera parfaitement blanchie; la giberne sera bien également cirée, même sur les côtés, & on emploîra pour unir la cire une polissoire de buis; mais ce cirage ne se renouvellera que le moins souvent possible, afin que le cuir n'en soit pas desséché. *Buffleterie blanchie; giberne cirée.*

Il est défendu de porter des escarpins sous les armes. *Défense de porter des escarpins sous les armes.*

L'arrangement des différentes parties de l'habillement dans les chambres, contribuant beaucoup à leur conservation, & donnant moyen aux Officiers & bas Officiers de les visiter avec facilité, on observera le plus grand ordre à cet égard. *Arrangement & visite de l'habillement dans les chambres.*

Les habits seront arrangés sur des perches, la doublure en dehors; le chapeau sera attaché à la même perche & couvert. Le nom de chaque Soldat sera écrit sur ce qui lui appartient. *Les habits & chapeaux mis sur des perches; le nom du Soldat écrit sur ses effets.*

Tous les havresacs, remplis des nippes de chaque Soldat, seront placés au-dessus de leur lit, ainsi que la giberne & le ceinturon; le tout pendu à des crochets placés à la même hauteur. *Comment placés les havresacs, gibernes & ceinturons.*

Les fusils seront à un ratelier, le bassinet couvert & le chien baissé; il sera attaché une carte à chacun avec le nom du Soldat à qui il appartient. *Les fusils à un ratelier, avec le nom du Soldat.*

Le Soldat bien peigné & arrangé dans les marches : importance de sa propreté.

Quoiqu'il ne soit pas ordonné que le Soldat soit poudré dans les marches, il n'est pas moins essentiel qu'il soit bien peigné, parfaitement arrangé, & qu'on lui fasse observer tous les détails de la propreté, bien plus intéressans pour sa santé dans les routes qu'ils ne le sont en garnison.

Inspection d'entretien & de tenue en marche, par le Commandant du Corps.

A cet effet, le Commandant du Corps fera, chaque matin des jours de séjour, l'inspection générale du régiment; & il s'en prendra au Commandant de la compagnie, si l'entretien & la tenue du Soldat ne sont pas en règle.

Réparations à ordonner dans cette inspection.

Les réparations susceptibles d'être faites dans la journée, seront ordonnées à cette inspection, & les Officiers des compagnies seront responsables de l'exécution; devant partager entr'eux les logemens de leurs compagnies, & en faire la tournée pour s'assurer si les Soldats vivent en bon ordre, & si chacun travaille à remédier aux dégradations occasionnées par la marche.

ARTICLE 13.

Des Drapeaux.

Fourniture des Drapeaux ; quand elle aura lieu, en temps de paix, en temps de guerre.

SA MAJESTÉ fera fournir à chaque régiment les drapeaux blancs & de couleur qui lui sont affectés : cette fourniture aura lieu tous les douze ans en temps de paix; & elle sera faite, pendant la guerre, lorsqu'elle sera devenue nécessaire, sur le compte qui en sera rendu par les Officiers généraux chargés de l'inspection des Troupes.

La monture des Drapeaux & la fourniture des cravattes, aux frais des Mestres-de-camp-commandans.

La monture des drapeaux, & la fourniture des cravattes de taffetas dont ils doivent être garnis, seront aux frais des Mestres-de-camp-commandans.

ARTICLE 14.

De l'Uniforme particulier affecté à chaque régiment.

Habit, veste &

TOUS les régimens d'Infanterie françoise, porteront

l'habit & la veste de drap blanc, doublés de blanc; & la culotte de tricot de même couleur.

culotte blancs pour les régimens d'Infanterie françoise.

Ces régimens, à l'exception de celui du Colonel général, des régimens Royaux & de ceux des Princes, seront classés par six, dans leur ordre d'ancienneté (interverti à l'égard seulement du régiment d'Artois); & l'une des dix couleurs ci-après sera affectée à la distinction de chacune.

Ces régiment, classés pour les couleurs distinctives.

SAVOIR;

	COULEURS.
1.re CLASSE................	*Bleu-céleste.*
2.e CLASSE................	*Panne noire.*
3.e CLASSE................	*Violet.*
4.e CLASSE................	*Gris-de-fer.*
5.e CLASSE................	*Rose.*
6.e CLASSE................	*Jonquille.*
7.e CLASSE................	*Cramoisi.*
8.e CLASSE................	*Gris-argentin.*
9.e CLASSE................	*Aurore.*
10.e CLASSE................	*Vert-foncé.*

Les six régimens dont chaque classe sera composée, formeront deux divisions de chacune trois régimens; le premier de chaque division portera toujours les revers & paremens de la couleur affectée à la classe où il se trouve; le second portera les revers seulement de ladite couleur; & le troisième n'en aura que les paremens. Les régimens de la première division auront le bouton jaune, & les poches en travers à l'ordinaire; ceux de la seconde division porteront des boutons blancs & la poche en long.

Division de chaque classe en deux, relativement aux couleurs des revers, paremens & boutons.

Les régimens Royaux (non compris celui de Royal-Auvergne) & ceux des Princes, formeront deux classes particulières; la première de huit régimens, à laquelle il sera affecté la couleur bleu-de-roi; & la seconde de dix régimens, laquelle aura pour distinction la couleur écarlate.

Classes des régimens Royaux & de ceux des Princes.

Diviſion de la claſſe des régimens Royaux.

Les quatre premiers régimens Royaux formeront la première diviſion de la première claſſe; la ſeconde diviſion ſera compoſée des quatre autres régimens.

Diviſion de la claſſe des régimens des Princes.

Enfin des dix régimens dont ſera formée la claſſe de ceux des Princes, les cinq anciens compoſeront la première diviſion; la ſeconde ſera compoſée des cinq autres; & la diſtinction des boutons jaunes avec la poche ordinaire, dont ils ſeront toujours accompagnés, aura lieu pour les régimens de chacune des premières diviſions de ces deux claſſes; comme celle des boutons blancs avec la poche en long, qui dans l'Infanterie françoiſe iront toujours enſemble, ſervira à diſtinguer les régimens des dernières diviſions.

C'eſt d'après les règles générales qui viennent d'être établies ci-deſſus, que les diſtinctions des régimens de l'Infanterie françoiſe, ſont & demeureront fixées ainſi qu'il ſuit :

SAVOIR:

BOUTONS	Timbrés des N.os	RÉGIMENS.	DISTINCTIONS.	COULEURS.	DISTINCTIONS PARTICULIÈRES.
	1.	COLONEL-GÉNÉRAL.	Revers, paremens & retrouſſis.	*Cramoiſi.*	Un bordé de laine jaune aux revers & aux paremens; les boutonnières en petit galon pareillement de laine jaune, & le caſque pour coiffure.
Jaunes.	2.	PICARDIE	Revers & paremens	*Bleu-céleſte.*	Poches en long, avec neuf boutonnières en patte-d'oie, & neuf gros boutons.
	3.	PIÉMONT	Revers		
	4.	PROVENCE	Paremens		
Blancs.	5.	NAVARRE	Revers & paremens		
	6.	ARMAGNAC	Revers		
	7.	CHAMPAGNE	Paremens		
Jaunes.	8.	AUSTRASIE	Revers & paremens	*Panne noire.*	
	9.	NORMANDIE	Revers		
	10.	NEUSTRIE	Paremens		
Blancs.	11.	LA MARINE	Revers & paremens		
	12.	AUXERROIS	Revers		
	13.	BOURBONNOIS	Paremens		

BOUTONS

Boutons	Timbrés des N.os	*Régimens.*	*Distinctions.*	*Couleurs.*
Jaunes...	14.	Forès.........	Revers & paremens.....	*Violet.*
	15.	Béarn.........	Revers..............	
	16.	Agénois........	Paremens............	
Blancs...	17.	Auvergne......	Revers & paremens.....	
	18.	Royal-Auvergne.	Revers..............	
	19.	Flandre.......	Paremens............	
Jaunes...	20.	Cambresis......	Revers & paremens.....	*Gris-de-fer.*
	21.	Guyenne.......	Revers..............	
	22.	Viennois.......	Paremens............	
Blancs...	25.	Brie..........	Revers & Paremens.....	
	26.	Poitou.........	Revers..............	
	27.	Bresse........	Paremens............	
Jaunes...	28.	Lyonnois.......	Revers & paremens.....	*Roſe.*
	29.	Du Maine......	Revers..............	
	31.	Du Perche......	Paremens............	
Blancs...	32.	Aunis.........	Revers & paremens.....	
	33.	Bassigny.......	Revers..............	
	34.	Touraine.......	Paremens............	
Jaunes...	49.	Artois........	Revers & paremens.....	*Jonquille.*
	36.	Aquitaine......	Revers..............	
	37.	Anjou.........	Paremens............	
Blancs...	38.	M.al de Turenne.	Revers & paremens......	
	39.	Dauphiné......	Revers..............	
	40.	Isle-de-France...	Paremens............	
Jaunes...	41.	Soissonnois.....	Revers & paremens.....	*Cramoiſi.*
	43.	Limosin........	Revers..............	
	47.	Bretagne.......	Paremens............	
Blancs...	48.	Lorraine.......	Revers & paremens.....	
	50.	Berry.........	Revers..............	
	51.	Hainault.......	Paremens............	
Jaunes...	52.	La Sarre.......	Revers & paremens.....	*Gris-argentin.*
	53.	La Fère.......	Revers..............	
	58.	Beauvoisis......	Paremens............	
Blancs...	59.	Rouergue......	Revers & paremens.....	
	60.	Bourgogne.....	Revers..............	
	62.	Vermandois.....	Paremens............	

BOUTONS	Timbrés des N.os	RÉGIMENS.	DISTINCTIONS.	COULEURS.
Jaunes...	70.	LANGUEDOC.....	Revers & paremens.......	Aurore.
	71.	BEAUCE.........	Revers...............	
	73.	MÉDOC.........	Paremens............	
Blancs...	74.	VIVARAIS.......	Revers & paremens......	
	75.	VEXIN..........	Revers..............	
	77	BEAUJOLOIS.....	Paremens............	
Jaunes...	82.	BOULONNOIS.....	Revers & paremens......	Vert-foncé.
	83.	ANGOUMOIS.....	Revers...............	
	85.	SAINTONGE......	Paremens............	
Blancs...	86.	FOIX...........	Revers & paremens......	
	87.	ROHAN-SOUBISE..	Revers..............	
	94.	BARROIS.......	Paremens............	

RÉGIMENS ROYAUX.

BOUTONS	Timbrés des N.os	RÉGIMENS.	DISTINCTIONS.	COULEURS.
Jaunes...	23.	DU ROI........	Revers, paremens & retroussis, avec agrémens de laine aurore..	Bleu-de-roi.
	24.	ROYAL..........	Revers, paremens & retroussis.	
	30.	DAUPHIN.......	Revers & paremens......	
	44.	ROYAL-VAISSEAUX.	Revers...............	
Blancs...	46.	LA COURONNE....	Revers, paremens & retroussis.	
	55.	ROYAL-ROUSSILLON	Revers & paremens......	
	61.	ROYAL-LA-MARINE.	Revers...............	
	76.	ROYAL-COMTOIS..	Paremens............	

RÉGIMENS DES PRINCES.

BOUTONS	Timbrés des N.os	RÉGIMENS.	DISTINCTIONS.	COULEURS.
Jaunes...	42.	LA REINE.......	Revers, paremens & retroussis.	Écarlate.
	45.	ORLÉANS........	Revers & paremens......	
	35.	DUC D'ANGOULÊME	Revers...............	
	56.	CONDÉ.........	Paremens............	
	57.	BOURBON.......	Retroussis............	
Blancs...	78.	MONSIEUR.......	Revers, paremens & retroussis.	
	81.	PENTHIÈVRE.....	Revers & paremens.......	
	84.	CONTI.........	Revers...............	
	93.	CHARTRES......	Paremens............	
	96.	ENGHIEN.......	Retroussis............	

INFANTERIE ÉTRANGÈRE.

Couleurs des habits des régimens d'Infanterie Étrangère; idem, des doublures, veſtes & culottes.

LES régimens Suiſſes, Griſons & Irlandois, continueront de porter l'habit de drap rouge-garance; les régimens Allemands, Royal-Italien & Royal-Corſe, l'habit de drap bleu-céleſte foncé; & le corps de Montréal, l'habit de drap bleu-de-roi, les uns & les autres avec doublure, veſte & culotte blanches; ils conſerveront les couleurs de diſtinction dont ils ſont en poſſeſſion, pour revers, paremens & collets, ainſi que les diſtinctions particulières qui ſeront ci-après détaillées;

SAVOIR:

BOUTONS.	RÉGIMENS SUISSES ET GRISONS.	REVERS.	PAREMENS.	COLLETS.	DISTINCTIONS PARTICULIÈRES.
Blancs unis, ſans numéros.	ERNEST.........	Noir......	Noir......	Rouge.....	Liſerés blancs, poches en travers.
	SALIS SAMADE...	Jaune-citron.	Jaune-citron.	Rouge.....	Poches en travers.
	SONNEMBERG....	Bleu-céleſte..	Bleu céleſte.	Bleu-céleſte..	Poches en long.
	CASTELLA......	Bleu......	Bleu......	Bleu......	Liſerés blancs, poches en travers.
	VIGIER.........	Chamois....	Chamois....	Rouge.....	Poches en travers.
	CHATEAUVIEUX..	Jaune......	Jaune......	Rouge.....	Liſerés blancs, poches en travers.
	DIESBACK.......	Bleu-céleſte..	Bleu-céleſte..	Bleu-céleſte..	Liſerés blancs, poches en travers.
	COURTEN.......	Bleu......	Bleu......	Rouge.....	Liſerés blancs, poches en travers.
	SALIS GRISONS..	Bleu......	Bleu......	Rouge.....	Poches en travers.
	STEINER........	Bleu......	Bleu......	Bleu......	Poches en travers.
	REINACH.......	Blanc......	Blanc......	Blanc......	Poches en travers.
Timbrés des N.os	RÉGIMENS IRLANDOIS.				
90.	DILLON........	Jonquille...	Jonquille...	Rouge.....	Le deſſus de l'avant-bras, garni de quatre boutonnières en équerre, & de quatre gros boutons.
91.	BERWICK.......	Panne-noire...	Panne-noire..	Jonquille...	
95.	WALSH.........	Bleu......	Bleu......	Jonquille...	
	RÉGIMENS ALLEMANDS.				
54.	ALSACE........	Rouge.....	Rouge.....	Rouge.....	
63.	SALM-SALM.....	Jaune-citron.	Jaune-citron.	Jaune-citron.	
80.	LA MARCK.....	Jonquille...	Jonquille...	Rouge.....	
92.	ROYAL-SUÉDOIS..	Chamois....	Chamois....	Chamois....	
97.	R.al HESSE-DARMSTAT	Capucine...	Capucine...	Capucine...	
101.	NASSAU........	Orange....	Orange....	Orange....	
103.	BOUILLON......	Blanc......	Blanc......	Blanc......	
104.	R.al DEUX-PONTS.	Jaune-citron.	Jaune-citron.	Bleu-céleſte..	

Boutons	Timbrés des N.os	Régimens italien et corse.	Revers.	Paremens.	Collets.	Distincti[ons] particul[iè]r[es]
Jaunes....	65.	Royal-Italien..	Jonquille...	Jonquille...	Rose.	
Blancs....	100.	Royal-Corse...	Jonquille...	Jonquille...	Bleu-céleste.	
Blancs bombés.	106.	Corps de Montréal.	Écarlate....	Écarlate....	Écarlate.	

Les régimens d'Infanterie Étrangère, soumis aux dispositions générales concernant l'habillement, équipement, &c. excepté à l'égard des épées & hausse-col.

Les régimens Suisses, Grisons, Irlandois, Allemands, Royal-Italien, Royal-Corse, & corps de Montréal, se conformeront au surplus aux autres dispositions réglées par les articles ci-dessus du présent chapitre, pour la coupe des revers, paremens & collets, la quantité & position des boutons, ainsi que pour les formes & dimensions de l'habillement, de la coiffure, de l'équipement & de l'armement, sans que, sous aucun prétexte, ils puissent y apporter aucun changement; à l'exception toutefois des épées & hausse-cols qui continueront d'être en argent ou cuivre argenté comme par le passé.

Régimens dont les boutons seront timbrés indépendamment des Numéros.

Régimens.	Timbres.
Colonel-Général......	*de Drapeaux en faisceaux.*
Dauphin..............	*d'un Dauphin.*
Duc d'Angoulême......	*des Armes du Prince.*
La Reine.............	*des Armes.*
Royal-Vaisseaux......	*d'un Vaisseau.*
Orléans..............	*des Armes du Prince.*
La Couronne..........	*d'une Couronne.*
Condé................	*des Armes du Prince.*
Bourbon..............	*des Armes du Prince.*
Monsieur.............	*des Armes du Prince.*
Penthièvre...........	*des Armes du Prince.*
Conti................	*des Armes du Prince.*
Rohan-Soubise........	*des Armes.*
Chartres.............	*des Armes du Prince.*
Enghien..............	*des Armes du Prince.*
Nassau...............	*d'un Lion*

CORPS-ROYAL

CORPS-ROYAL D'ARTILLERIE.

RÉGIMENS.

L'HABIT du Corps-royal de l'Artillerie, sera de drap bleu-de-roi; revers, collet & épaulette de même drap; parement de drap écarlate, & doublure de serge ou cadis rouge: les poches seront en travers, & détachées du fond de l'habit, ainsi que les revers, par un liséré de drap écarlate: il sera au surplus façonné dans les mêmes forme & proportions réglées pour ceux de l'Infanterie; les paremens seront coupés de même, & il sera garni du même nombre de boutons. *Habillement du Corps-royal de l'Artillerie.*

La veste, en drap bleu, sera doublée en cadis blanc, & garnie de douze petits boutons.

La culotte sera de tricot bleu, doublée de toile écrue.

Boutons jaunes, n.° 64.

Compagnies de Mineurs.

LES compagnies de Mineurs porteront le même uniforme que les régimens d'Artillerie, à l'exception des épaulettes, qui, au lieu d'être en drap bleu, seront pour l'habit & la veste en laine aurore. *Celui des compagnies de Mineurs, le même, à l'exception des épaulettes.*

Compagnies d'Ouvriers.

LES compagnies d'Ouvriers porteront le même uniforme que les régimens du Corps-royal, en substituant au revers bleu le revers de drap écarlate & un petit parement écarlate à la veste. *Celui des compagnies d'Ouvriers, le même, à l'exception des revers.*

Les marques distinctives du grade des bas Officiers du Corps-royal de l'Artillerie, seront, pour les Sergens-majors, Sergens & Fourriers, en galon d'or de dix lignes; & pour les Caporaux & Appointés, en galon de laine jaune de dix lignes; les Sapeurs, Canonniers, Artificiers & Bombardiers de la première classe, porteront deux chevrons de galon de laine jaune de cinq lignes de *Marques distinctives du grade des bas Officiers du Corps-royal de l'Artillerie.* *Idem, des Sapeurs, Canonniers, &c. de la première classe.*

large, cousus sur l'avant-bras; ceux de la seconde classe n'en auront qu'un seul.

Chevrons des hommes rengagés. Les chevrons des hommes rengagés, seront en galon de laine rouge, de dix lignes de large.

Ceinturons, gibernes, &c. différences aux gibernes. Les ceinturons, gibernes, porte-gibernes & bretelles de fusils, seront les mêmes que ceux dont les régimens d'Infanterie font usage, à l'exception qu'il sera cousu aux courroies-porte-gibernes & en dessous, à la hauteur de quatorze à quinze pouces de la giberne, deux petites courroies larges de quinze lignes, lesquelles deviendront les courroies-porte-giberne; les grandes courroies, au bout desquelles il sera attaché un anneau de fer, étant destinées, au moyen d'une corde de trait & d'un fer qui y sera attaché & s'adaptera à cet anneau, à servir de bricole pour traîner les pièces d'Artillerie. Le bois du coffret de ces gibernes ne sera percé que pour dix cartouches sur un seul rang, & l'espace qui restera dans le coffret sur le devant, servira à loger la corde de trait & le fer dont elle sera garnie.

Gardes-magasins & Artificiers d'Artillerie.

Habit des Gardes-magasins d'Artillerie & Artificiers. LES Gardes-magasins d'Artillerie & Artificiers, porteront l'habit de drap bleu avec paremens & collet de velours bleu-céleste.

Conducteurs de Charrois.

Idem, des Conducteurs de charrois. LES Conducteurs de charrois d'Artillerie, porteront le même uniforme que les Gardes-magasins; ils seront distingués par les paremens & collets qui seront de drap bleu-céleste, au lieu d'être de velours de même couleur.

TROUPES PROVINCIALES.

Habit. L'HABIT des Troupes provinciales & des régimens de Grenadiers-royaux, continuera d'être de drap blanc, *Revers.* façonné comme il est réglé pour l'Infanterie; revers du même drap, garnis de ſix petits boutons de deux en deux; collet & paremens de drap bleu-de-roi. Le régiment de Paris, portera les revers & collet en drap bleu-celeſte. *Collet & paremens. Idem, du régiment de Paris.*

La veſte pour les Troupes provinciales, ſera en tricot blanc, garnie de douze petits boutons uniformes; celle des Grenadiers-royaux ſera en drap. *Veſte. Idem, des Grenadiers-royaux.*

La culotte, pour les uns & pour les autres, ſera de tricot blanc. *Culotte.*

Les boutons des bataillons de garniſon des Troupes provinciales, feront blancs & timbrés du même numéro que celui du régiment auquel ils feront attachés : ceux des régimens Provinciaux attachés à l'Artillerie, feront également blancs, timbrés d'un canon & du numéro du rang qu'ils ont entr'eux. Les régimens Provinciaux affectés à l'État-major de l'armée, auront, en blanc, le même bouton que celui du Génie; ils feront en outre timbrés au bas de l'écuſſon, du numéro du rang que ces régimens ont entr'eux. Le régiment de Paris, aura le bouton jaune, *n.° 98.* *Boutons des bataillons de garniſon. Id. des régiment Provinciaux attachés à l'Artillerie. Id. des régimens Provinciaux attachés à l'État-major. Id. du régiment de Paris.*

Les boutons des Grenadiers-royaux, feront blancs, timbrés d'une grenade au milieu, & godronnés de cinq fleur-de-lis, à diſtances égales; ils feront en outre timbrés de deux numéros, l'un du rang que les régimens ont entr'eux, lequel numéro ſera placé en tête & au-deſſus de la grenade; & l'autre, qui ſera placé au-deſſous, du rang qui leur eſt réglé dans l'Infanterie. *Idem, des Grenadiers-royaux.*

Les régimens de Grenadiers-royaux auront des épaulettes diſtinctives. *Épaulettes diſtinctives des régimens de Grenadiers-royaux.*

SAVOIR,

Le régiment de Grenadiers-royaux de la Picardie, une épaulette de couleur *rouge-garance.*

Celui de la Champagne, de couleur *bleu-de-roi & blanche.*

Celui de la Normandie, de couleur *noire.*

Celui de la Guyenne, de couleur *rouge & bleu-de-roi.*

Celui de Lyonnois, de couleur *violette & blanche.*

Celui de la Touraine, de couleur *rouge & verte.*

Celui de l'Isle-de-France, de couleur *bleu-de-roi.*

Celui de l'Orléanois, de couleur *verte.*

Celui de la Bretagne, de couleur *violette.*

Celui de la Lorraine, de couleur *aurore.*

Celui de Languedoc, de couleur *rouge & noire.*

Celui du comté de Bourgogne, de couleur *verte & blanche.*

Et celui de Quercy, de couleur *bleu-celeste.*

Provincial Corse.

Veste. VESTE alongée de drap brun, tenant lieu d'habit, fermée par-derrière, les basques du devant relevées & *Paremens.* agrafées à la poche; petits paremens de drap vert, ouverts sur le côté extérieur de l'avant-bras, comme ceux des habits de l'Infanterie, & fermés de même par trois petits *Revers & collet.* boutons; revers & collet pareillement de drap vert; dou-*Gilet.* blure de cadis ou serge brun; gilet sans poche, de tricot vert, garni de manches; ceinture à la Corse.

Culotte. Culotte de tricot vert, avec canons alongés de trois doigts au-dessous du jarret, sans boutonnières ni boucles; guêtres de peau jaune, & jarretières de même peau.

Chapeau. Chapeau coupé à la Corse, le côté du bouton retroussé, & le surplus rabattu.

Boutons. Boutons blancs godronnés.

Armement & équipement. L'armement & l'équipement seront composés d'un fusil de chasse, sans baïonnette; d'un pistolet à la ceinture; & d'un sabre, porté par un ceinturon en baudrier; la giberne sera percée de vingt trous, & portée à la ceinture.

Canonniers-garde-côtes.

Uniforme complet. L'UNIFORME des Canonniers-garde-côtes, sera en drap bleu-de-roi; paremens de même couleur; revers &

retroussis

retroussis couleur vert-de-mer; veste & culotte de tricot de même couleur; & boutons jaunes timbrés d'un canon, d'un fusil & d'une ancre.

ARTICLE 15.

De l'Uniforme des Invalides des Compagnies détachées & Pensionnaires.

HABIT de drap bleu très-ample, sans revers & boutonnant jusqu'au bas de la taille; collet droit de quinze lignes de hauteur, de même drap; paremens de drap rouge-garance, faits en botte; doublure de serge ou cadis de même couleur; pattes de poches ordinaires; le devant de l'habit garni de douze gros boutons blancs timbrés de trois fleurs-de-lis, trois sur le parement, trois aux poches & deux aux hanches. *Habit.* *Paremens.* *Boutons.*

Veste & culotte de tricot bleu pour les Invalides de l'intérieur de l'Hôtel & des Compagnies attachées à la garde des Maisons royales dans Paris, Versailles & Vincennes; & de tricot blanc pour les Invalides des Compagnies détachées & Pensionnaires. *Veste & culotte en tricot bleu.* Idem, *en tricot blanc.*

ARTICLE 16.

De l'Uniforme des bas Officiers & Soldats retirés avec la récompense militaire.

LE ROI ayant précédemment ordonné qu'il seroit délivré, tous les huit ans, aux hommes retirés de ses Troupes avec la récompense militaire, un habillement uniforme; Sa Majesté a réglé qu'il consisteroit en un habit, une veste & un chapeau des uniformes ci-après; *Habillement à délivrer aux hommes retirés avec la récompense militaire.*

SAVOIR,

Pour l'Infanterie françoise: habit, revers & paremens de drap blanc; collet droit de drap vert; la poche de l'habit coupée en travers & garnie de trois gros boutons; sept petits boutons à chaque côté du revers & trois gros au-dessous; *Infanterie françoise.*

l'avant-bras & le parement fermés en dessus par trois petits boutons; doublure de serge ou cadis blanc; veste de drap blanc; boutons jaunes godronnés, ornés d'une rosette au milieu.

Infanterie allemande.

Pour l'Infanterie allemande : habit, revers & paremens de drap bleu-céleste; collet droit de drap rouge; doublure blanche; veste de drap blanc; mêmes coupe, position & forme de boutons qui ont ci-dessus été réglées pour l'Infanterie françoise.

Infanterie Irlandoise.

Pour l'Infanterie Irlandoise : habit, revers & paremens de drap rouge; collet droit de drap vert; doublure blanche; veste de drap blanc; mêmes coupe, position & forme de boutons qui ont ci-dessus été réglées pour l'Infanterie françoise.

Suisses pensionnés.

Pour les Suisses pensionnés : habit, revers & paremens de drap rouge; collet droit de drap bleu; doublure blanche; veste de drap blanc; boutons blancs avec flammes rayonnantes; mêmes coupe & position de boutons qui ont été réglées ci-dessus pour l'Infanterie françoise.

Corps-royal d'Artillerie.

Pour le Corps-royal d'Artillerie : habit, revers & paremens de drap bleu; collet droit de drap rouge; doublure rouge; veste de drap blanc; mêmes coupe, position & forme de boutons qui ont été réglées ci-dessus pour l'Infanterie françoise.

Cavalerie.

Pour la Cavalerie : habit, revers & paremens de drap bleu; collet droit de drap rouge; doublure blanche; veste de drap blanc; mêmes coupe, position & forme de boutons qui ont été ci-dessus réglées pour l'Infanterie françoise.

Hussards.

Pour les Hussards : habit & paremens de drap vert, sans revers; collet droit de drap rouge; la poche de l'habit coupée en travers & garnie de trois gros boutons, douze sur le devant de l'habit, trois sur chaque parement, qui sera fermé en botte; doublure verte; veste de drap vert; boutons jaunes godronnés, ornés d'une rosette au milieu.

Dragons.

Pour les Dragons : habit, revers & paremens de drap vert-foncé; collet droit de drap rouge; doublure blanche;

veste de drap blanc; mêmes coupe, position & forme de boutons qui ont été ci-dessus réglées pour l'Infanterie françoise.

Pour les Chasseurs : habit fait en frac; revers & paremens de drap vert-foncé; collet droit de drap rouge; doublure verte; veste de drap de même couleur; mêmes position & forme de boutons qui ont été ci-dessus réglées pour l'Infanterie françoise. *Chasseurs.*

CHAPITRE II.

GENDARMERIE.

L'HABILLEMENT, l'équipement & l'armement du Corps de la Gendarmerie, ainsi que l'harnachement des chevaux, demeureront tels qu'ils ont été fixés par les Règlemens particuliers des 18 février 1772 & 4 avril 1781.

Habillement, équipement, &c. demeureront tels qu'ils sont fixés par les Règlemens particuliers.

CHAPITRE III.

MARÉCHAUSSÉE.

L'ORDONNANCE du 28 avril 1778, ayant réglé tout ce qui concerne l'habillement, l'équipement & l'armement du Corps de la Maréchaussée, ainsi que l'harnachement des chevaux; cette Ordonnance sera exécutée, relativement à ces objets, sans aucun autre changement qu'en ce qui concerne les manteaux, qui seront désormais en drap bleu teint, & paremenés en serge ou cadis écarlate.

Habillement, équipement, &c, les mêmes que ceux fixés par l'Ordonnance concernant la Maréchaussée, à l'exception des manteaux.

CHAPITRE IV.

CAVALERIE & DRAGONS.

ARTICLE PREMIER.

De l'Habillement.

Composition de l'habillement.

L'HABILLEMENT uniforme des bas Officiers, Cavaliers & Dragons, sera composé d'un habit, doublé de serge ou cadis des couleurs de distinction qui seront réglées pour chaque régiment; d'une veste de drap, doublée de serge ou cadis blanc, & d'une culotte de peau : l'habit & la veste seront absolument semblables, quant à la forme, & à la quantité & position des boutons, à ceux de l'Infanterie; excepté que la veste n'aura point de paremens ni de collet de la couleur des distinctions. La durée de l'un & de l'autre sera de six années, au moyen de quoi ces deux parties d'habillement seront remplacées par sixième au complet.

L'habit & la veste semblables pour la forme à ceux de l'Infanterie.

La veste, sans paremens ni collet de la couleur des distinctions.

Durée & remplacement.

Culottes, uniformes & de rechange. Quatre livres payées annuellement à chaque bas Officier, Cavalier & Dragon pour leur fourniture & entretien.

Qui aura droit aux quatre livres, ou n'y pourra prétendre.

La culotte uniforme sera de peau de daim, pour l'entretien de laquelle il sera payé chaque année à chacun des bas Officiers, Cavaliers & Dragons, sur la Masse de l'habillement, la somme de Quatre livres, au moyen de laquelle ils seront tenus de pourvoir à la fourniture de ladite culotte & de celle de rechange en peau commune; cette somme de Quatre livres ne sera acquise qu'aux Cavaliers qui seront présens à la revue de Septembre de chaque année; ceux qui, devant partir par congé d'ancienneté, ne contracteroient pas un nouvel engagement, ne participeront pas au décompte desdites Quatre livres; les hommes de recrue présens à la revue de Septembre, recevront comme les anciens Cavaliers & Dragons, le montant de ce décompte; & ceux qui arriveront après cette revue n'y pourront rien prétendre, à l'exception toutefois des hommes qui seroient absens pour

pour cauſe légitime, auxquels ils ſera tenu compte deſdites Quatre livres lors de leur retour au Corps. Cette ſomme ne ſera pas remiſe à la diſpoſition des Cavaliers & Dragons: elle ſera conſervée à la caiſſe du régiment, pour être employée à la dépenſe de l'entretien des culottes; & dans le cas où le produit n'en ſeroit pas ſuffiſant, les Cavaliers & Dragons contribueront audit entretien, au moyen de leur décompte perſonnel de linge & chauſſure.

Le décompte des quatre livres conſervé à la caiſſe du régiment.

Il ſera donné en outre à chacun des bas Officiers, Cavaliers & Dragons, un ſurtout de drap, ſous lequel ils porteront un gilet qui ſera fait de l'étoffe du vieux ſurtout.

Surtout & gilet.

Ce ſurtout ſera fait en frac & garni de huit gros boutons uniformes, dont ſix à la taille, poſés un en haut, deux au milieu, trois en bas & deux aux hanches; l'épaulette & la contre-épaulette, ſeront attachées au ſurtout avec un petit bouton: la durée des ſurtouts ſera de trois ans, au moyen de quoi ils ſeront remplacés chaque année par tiers au complet.

Forme du ſurtout.

Durée & remplacement.

Toutes les parties de l'habillement ſeront bien proportionnées à la taille & groſſeur des hommes, de manière qu'ils ſoient bien vêtus, ſans être gênés dans aucun de leurs mouvemens; & les habits ſeront tenus aſſez longs, pour que, agrafés & boutonnés dans toute leur longueur, ils puiſſent arriver juſqu'à trois pouces & demi de terre, l'homme étant à genoux & bien droit. Ceux de la Cavalerie ſeront tenus aſſez larges pour pouvoir en agrafer les revers & les boutonner pardeſſus la cuiraſſe qui ſera portée ſur la veſte.

Proportions de l'habillement.

Cuiraſſe portée ſur la veſte.

Le manteau ſera de drap gris-blanc piqué de bleu; il ſera garni de trois brandebourgs de chaque côté, faits avec les galons affectés à la diſtinction de l'équipage du cheval de chaque régiment, & parementé ſur le devant, de ſerge ou cadis de la couleur des diſtinctions: il ſera ajouté au manteau des Dragons, un capuchon; la durée du manteau ſera de douze ans; il ſera remplacé en

Manteau; ſa durée & ſon remplacement.

conſéquence par douzième chaque année au complet des hommes montés.

ARTICLE 2.

De la Coiffure.

Chapeau, ſes dimenſions; calottes de fer; Cocarde.

LA Cavalerie portera un chapeau conforme à la deſcription qui a été faite de celui de l'Infanterie, à l'exception que l'aile aura cinq pouces de hauteur, & la forme trois pouces neuf lignes de profondeur; il ſera garni en temps de guerre d'une calotte de fer évidée: la cocarde ſera ſemblable à celle de l'Infanterie.

Caſque.

Les Dragons porteront le caſque en cuivre jaune, avec cimier & roſettes de même métal; il ſera garni d'une crinière noire dont les boucles ſeront aſſujetties avec des fils; ceux de la ſeule compagnie du Colonel général, ſeront garnis d'une crinière blanche. La fourrure du caſque ſera de peau de chien marin; le derrière ſera garni d'une petite boucle & d'une courroie de cuir propre à rétrécir dans le beſoin la largeur de la forme du caſque.

Les Dragons congédiés ne pourront l'emporter.

Les Dragons qui ſeront congédiés ne pourront emporter leurs caſques; ils ſeront retirés & conſervés pour ſervir aux Dragons de remplacement.

Houppe au chapeau ainſi qu'au caſque, pour diſtinguer la compagnie.

Chaque compagnie de Cavalerie ou de Dragons, ſera diſtinguée par une houppe de laine de forme ronde & aplatie, de ſix lignes d'épaiſſeur & de vingt lignes de diamètre, qui ſera portée au-deſſus de la cocarde dans la Cavalerie, & au-deſſus de la roſette gauche du caſque dans les Dragons; celle de la première compagnie ſera écarlate; celle de la ſeconde, bleu-céleſte; celle de la troiſième, roſe; & celle de la quatrième, ſouci. Les deux Adjudans, le maître Maréchal, le maître Sellier & l'Armurier, porteront la houppe en laine blanche, comme étant attachés à l'État-major.

Durée & remplacement des chapeaux.

Les chapeaux de la Cavalerie dureront deux ans; & ils ſeront en conſéquence remplacés par moitié chaque année au complet.

La durée des casques de Dragons est fixée à huit ans, au moyen de quoi ils seront remplacés chaque année par huitième sur le pied du complet. *Durée des casques.*

Les bas Officiers, Cavaliers ou Dragons, porteront un bonnet de police façonné à la dragonne, lequel sera fait avec les économies de la coupe de l'habillement neuf & les meilleurs morceaux des débris du vieil habillement : & l'aunage des habits sera réglé en conséquence, par le devis ci-après ; ce bonnet sera doublé de toile; sa largeur sera proportionnée à la grosseur de la tête, & il aura vingt-un pouces de hauteur du bas à la pointe, le tour étant relevé ; le tour aura quatre pouces de hauteur par-derrière & quatre pouces neuf lignes sur le devant, qui sera échancré au haut de la couture, de quinze lignes de large & de neuf lignes de profondeur : ce même tour de bonnet sera bordé à plat d'une bande de drap de la couleur distinctive, de dix lignes de large. Le haut du bonnet sera garni d'une frange de drap, moitié de celui du fond du bonnet, & moitié de celui de la couleur distinctive; à six pouces au-dessous de cette frange, du côté gauche, il sera cousu une porte, & à quatorze pouces plus bas une agrafe pour servir à remployer & fixer la pointe du bonnet sur le tour. *Bonnet de police.*

ARTICLE 3.

Des Marques distinctives du grade des Adjudans, Maréchaux-des-logis en chef, Fourriers, Maréchaux-des-logis, Brigadiers, Appointés, Cavaliers ou Dragons-gentilshommes & Maréchaux-ferrans.

Les Adjudans porteront l'épaulette à fond de soie couleur de feu ; elle sera traversée, dans le milieu de sa longueur, de deux cordons de tresse d'or ou d'argent, suivant la couleur du bouton. *Adjudans.*

Les Maréchaux-des-logis en chef, porteront sur le *Maréchaux-des-logis en chef.*

côté extérieur de l'avant-bras, deux galons d'argent fin de dix lignes de large, lesquels seront placés obliquement, d'une couture de la manche à l'autre, de manière que le bout du premier qui touchera à la couture intérieure, se trouve à neuf lignes plus haut que le parement, & que le bout qui joindra la couture extérieure soit à trois pouces & demi plus haut que le bord supérieur du dessous dudit parement: le second galon sera placé parallèlement au premier & à six lignes au-dessus.

Fourriers. Les Fourriers porteront deux bandes de galon d'argent fin, large de dix lignes, cousues en travers sur le dehors de la manche, au-dessus du pli du bras.

Maréchaux-des-logis. Les Maréchaux-des-logis porteront un seul galon d'argent, large de dix lignes, placé comme celui d'en bas des deux qui font la distinction des Maréchaux-des-logis en chef.

Brigadiers. Les Brigadiers porteront sur le côté extérieur de l'avant-bras deux galons de fil blanc de dix lignes de large, placés comme ceux des Maréchaux-des-logis en chef.

Appointés. Les Appointés porteront un seul galon de fil blanc large de dix lignes, placé comme celui d'en bas des deux qui font la distinction des Brigadiers.

Cavaliers ou Dragons-gentilshommes. Les Cavaliers ou Dragons qui seront Gentilshommes, porteront pour distinction, l'épaulette sans frange, en galon large de quinze lignes, d'or ou d'argent, suivant la couleur du bouton; laquelle épaulette sera doublée & liserée de drap de la couleur distinctive de l'uniforme.

Maréchaux-ferrans. Les Maréchaux-ferrans porteront sur le dehors de chaque manche, au-dessus du pli du bras, la figure d'un fer en galon de fil blanc large de dix lignes.

Hommes rengagés. Les hommes rengagés continueront de porter le chevron ou le double chevron en galon de fil blanc de dix lignes.

Les

Les Maréchaux-des-logis en chef, Fourriers & Maréchaux-des-logis des régimens de l'État-major de la Cavalerie & de ceux des Dragons, porteront les distinctions réglées ci-dessus, en galon d'or fin; & les Brigadiers, Appointés & Maréchaux-ferrans, ainsi que les hommes rengagés, en galon de laine jaune. *Les distinctions des bas Officiers, &c. des régimens de l'État-major, en galon d'or ou de laine jaune.*

Ces distinctions pourront être mises sur les surtouts, mais elles seront à la charge des bas Officiers, Cavaliers & Dragons. *Pourront être mises sur les surtouts.*

ARTICLE 4.

De l'Habillement des Trompettes ou Tambours.

LES Trompettes ou Tambours porteront l'habit de drap bleu, affecté à la livrée du Roi, avec les revers, paremens, vestes, culottes & doublures des couleurs déterminées, coupe de poches & placement de boutons réglés pour chaque régiment; à l'exception de ceux des régimens de l'État-major, de la Reine, des Princes du Sang, & des régimens de Dragons, des Gentilshommes, qui continueront de porter les habits de la livrée des Mestres-de-camp titulaires, en se conformant toutefois aux distinctions de l'uniforme de chaque Corps; de sorte que les revers & paremens qui se trouveront dans l'uniforme des Cavaliers & Dragons, de même couleur que le fond de leur habit, soient de même drap pour les Trompettes ou Tambours, que celui de leur habit. Les galons de livrées & agrémens seront des mêmes largeurs, & disposés dans le même ordre réglés pour l'Infanterie: ils porteront au surplus les veste & culotte déterminées pour la Cavalerie & les Dragons. *Habit; couleurs distinctives.* *Galons & agrémens.* *Veste & culotte.*

Défend Sa Majesté de faire galonner aucun desdits habits avec des galons d'or ou d'argent, & d'apporter aucun changement à la disposition ci-dessus, sous telles peines que Sa Majesté se réserve de prononcer. *Galons d'or ou d'argent, & changemens défendus.*

ARTICLE 5.

De l'Habillement des Officiers.

Habillement des Officiers, comme celui des Soldats; seules differences.

L'HABILLEMENT des Officiers de Cavalerie & de Dragons, sera des mêmes couleurs que celui des Cavaliers ou Dragons, tant pour le fond que pour les distinctions de l'uniforme; il ne différera que par la qualité des draps qui seront d'Elbœuf ou des manufactures de même espèce, & par celle des boutons qui seront dorés ou argentés. Lesdits Officiers porteront toutes les parties de cet habillement, dans les mêmes forme & proportions que celui des Cavaliers ou Dragons.

Chapeaux, cocardes & houppes.

Les Officiers de Cavalerie seront coiffés avec des chapeaux de la grandeur prescrite pour les Cavaliers, bordés d'un galon de soie noire, de cinq lignes de large, retapés uniformément comme ceux de la Troupe, & garnis d'une cocarde de basin blanc, au-dessus de laquelle sera mise la houppe en poil de chèvre, de la couleur affectée à leur compagnie. Celle des Officiers de l'État-major, sera blanche; aucun Officier ne pourra porter de plumes ni plumets avec son habit uniforme.

Casques.

Les Officiers de Dragons porteront le casque étant de service; & hors de service, ils porteront un chapeau semblable à celui ci-dessus réglé pour les Officiers de Cavalerie. La houppe en poil de chèvre, de la couleur affectée à la compagnie, sera pareillement mise, soit au casque, soit au chapeau, qui sera de plus garnie d'une cocarde de basin blanc.

Manteaux.

Les manteaux des Officiers de Cavalerie seront de drap bleu, & les Officiers de Dragons les porteront en drap vert; le collet sera bordé d'un galon d'or ou d'argent, de la largeur d'un pouce, suivant la couleur du bouton; & ils seront paremεntés en serge de la couleur de distinction affectée à leur régiment.

Comment vêtus au régiment ou dans leur province.

Les Officiers de Cavalerie & de Dragons, seront tenus au surplus de porter toujours leur uniforme au régiment,

& de ſe conformer à tout ce qui a été preſcrit pour les Officiers d'Infanterie, par l'*article V du chapitre I.er* du préſent Règlement, tant à l'égard de la tenue, ſoit au régiment, étant de ſervice ou non dans les quartiers, & eu égard au temps de l'été ou à la ſaiſon de l'hiver, ſoit dans leurs provinces pendant les ſemeſtres; le tout à la ſeule différence que les Officiers de Cavalerie auront leurs cheveux en queue & non en catogan.

ARTICLE 6.

Des marques diſtinctives des grades des Officiers.

Meſtre-de-camp commandant.

LE Meſtre-de-camp-commandant portera, de chaque côté, une épaulette de treſſe ou galon plein en or ou en argent, ſelon la couleur du bouton blanc ou jaune affecté au régiment; ſa largeur ſera de vingt-quatre lignes, & ſa longueur ne dépaſſera pas la couture de la manche de l'habit; elle ſera ornée d'une frange à graines d'épinars & cordes à puits, de la longueur de deux pouces; toute eſpèce de broderie ou paillette eſt & demeure défendue.

Meſtre-de-camp en ſecond.

Le Meſtre-de-camp en ſecond portera, de chaque côté, comme le Meſtre-de-camp-commandant, une épaulette ornée des mêmes franges; mais au lieu d'être pleine en or ou en argent, le milieu ſera traverſé dans ſa longueur par un cordon de ſoie couleur de feu, treſſée comme les autres cordons d'or ou d'argent.

Meſtre-de-camp à la ſuite.

Le Meſtre-de-camp à la ſuite portera, de chaque côté, comme le Meſtre-de-camp-commandant, une épaulette ornée des mêmes franges; mais elle ſera coupée dans le milieu de ſa longueur par deux cordons de ſoie couleur de feu.

Lieutenant-colonel.

Le Lieutenant-colonel portera à gauche une ſeule épaulette, garnie de franges & agrémens pareils à l'épaulette du Meſtre-de-camp-commandant.

Officiers ayant le grade de Brigadier.

Ceux des Officiers qui auront le grade de Brigadier des armées, porteront pour diſtinction, ſur l'épaulette, une étoile brodée d'or ou d'argent, en oppoſition à la couleur de l'épaulette.

Major. Le Major portera, de chaque côté, une épaulette en or ou en argent, ornée de franges à graines d'épinars ſeulement.

Capitaines-commandans. Les Capitaines-commandans porteront, ſur l'épaule gauche, une épaulette pareille à celle du Major.

Capitaines en ſecond. Les Capitaines en ſecond porteront la même épaulette, coupée dans le milieu de ſa longueur par un cordon de ſoie treſſée couleur de feu.

Capitaines de remplacement. Les Capitaines de remplacement porteront la même épaulette que les Capitaines-commandans, à la ſeule différence qu'elle ſera coupée dans le milieu de ſa longueur par deux cordons de ſoie treſſée couleur de feu.

Lieutenans en premier. Les Lieutenans en premier ne pourront porter l'épaulette pleine en or ou en argent: elle ſera loſangée de carreaux de ſoie couleur de feu, ſur un fond de treſſe ou galon d'or ou d'argent uniforme à la couleur du bouton; la frange qui la terminera, ſera de filés d'or ou d'argent & de ſoie, en proportion du mélange qui ſera dans le tiſſu de l'épaulette.

Lieutenans en ſecond. Les Lieutenans en ſecond porteront la même épaulette que les Lieutenans en premier, à la ſeule différence qu'elle ſera traverſée dans le milieu de ſa longueur par un cordon de ſoie couleur de feu.

Sous-lieutenans. Les Sous-lieutenans porteront l'épaulette à fond de ſoie couleur de feu, avec des carreaux treſſés d'or ou d'argent uniformes à la couleur du bouton; & les franges ſeront mêlées de ſoie & de filés d'or ou d'argent, en proportion du mélange de l'épaulette.

Sous-lieutenans de remplacement. Les Sous-lieutenans de remplacement porteront la même épaulette que les Sous-lieutenans; mais elle ſera coupée dans le milieu de ſa longueur par un cordon d'or ou d'argent treſſé.

Quartier-maître-tréſorier. Le Quartier-maître-tréſorier, portera la même épaulette qui a été réglée pour la diſtinction des Lieutenans en en premier ou en ſecond, ſuivant le rang auquel il ſera parvenu dans le régiment.

Les Porte-étendards porteront l'épaulette à fond de ſoie couleur de feu, liſérée d'or ou d'argent, ſuivant la couleur du bouton; elle ſera garnie de franges aſſorties. *Porte-étendards.*

Les Officiers de Cavalerie & de Dragons, ne pourront, non plus que ceux de l'Infanterie, & ſous les mêmes peines, porter que les épaulettes diſtinctives des emplois qu'ils exerceront, quand même ils ſeroient pourvus de grades ſupérieurs. *Ne pourront porter que les épaulettes diſtinctives des emplois qu'ils exerceront.*

ARTICLE 7.

De l'équipement des bas Officiers, Cavaliers & Dragons.

LES ſabres des bas Officiers, Cavaliers & Dragons, ſeront en cuivre, des modèles arrêtés pour les uns & pour les autres. *Sabres.*

Le cordon de ſabre de Cavalier & de Dragon, ſera de cuir noirci, fort & ſolide, large de huit lignes, & long de deux pieds quatre pouces, garni, à l'extrémité, d'un bouton avec une houppette de cuir découpé, & d'un autre bouton coulant de même cuir. *Cordon de ſabre.*

Le ceinturon des Cavaliers ſera de buffle blanc, de quatre pieds de longueur, & de deux pouces ſix lignes de largeur, ſans piqûre; il n'aura qu'un ſeul pendant deſtiné à porter le ſabre en ligne perpendiculaire un peu inclinée; il ſera garni d'une plaque de cuivre cambrée, de trois pouces cinq lignes de longueur, garnie de deux ardillons pour la fixer ſur le devant du ceinturon, & d'un crochet qui s'adaptera à un anneau coulant, de forme aplatie, également fixé par deux ardillons à l'extrémité gauche du ceinturon. *Ceinturon de Cavalier.*

Le ceinturon des Dragons ſera à la Hongroiſe, de buffle blanc, large de deux pouces ſix lignes, ſans piqûre; la courroie du ceinturon ſera de deux morceaux, l'un de *Ceinturon de Dragon.*

trois pieds un pouce de long, & l'autre de ſept pouces, attachés chacun par un anneau de cuivre au pendant de buffle deſtiné à porter la baïonnette, auquel pendant il ſera couſu une petite boucle de cuivre pour aſſujettir la baïonnette, au moyen d'une courroie de cuir attachée à ſon fourreau : ce ceinturon ſera garni d'une boucle de cuivre cambrée, de trois pouces de longueur ſur deux pouces ſix lignes de largeur, ayant deux ardillons pour la fixer au ceinturon, & un crochet pour s'adapter à un anneau coulant aplati, qui ſera fixé par deux ardillons à l'extrémité gauche du ceinturon; les courroies porte-ſabre ſeront auſſi de buffle blanc, de la largeur de quatorze lignes; celle de devant aura ſeize pouces, & celle de derriere deux pieds quatre pouces de longueur; elles ſeront garnies de boucles de cuivre, & attachées aux anneaux de même métal qui ſeront couſus au ceinturon, au moyen d'un double bouton de cuivre.

Giberne de Cavalier.

La giberne du Cavalier ſera de la même forme que celle réglée pour l'Infanterie; mais la boîte de cuir n'aura que quatre pouces de profondeur; & le coffret, qui ſera percé de ſeize trous ſur deux rangs, aura ſept pouces ſeulement de longueur ſur deux pouces trois lignes d'épaiſſeur; la pattelette, au lieu d'être coupée droite à ſon extrémité inférieure, ſera évidée & terminée en pointe par le milieu.

Porte-giberne de Cavalier.

La courroie-porte-giberne du Cavalier ſera de buffle blanc ſans piqûre, de la largeur de trois pouces neuf lignes, & longue de quatre pieds dix à onze pouces; les extrémités en ſeront prolongées par deux petites courroies de buffle larges de treize lignes; elles s'attacheront aux deux boucles de la giberne.

Giberne de Dragon.

La giberne du Dragon ſera de fort cuir de vache noirci ſur chair, & compoſée de trois pièces; l'une pour la pattelette, le derrière, le deſſous & le devant, de vingt pouces de hauteur; & les deux autres pour les côtés: ces trois pièces raſſemblées & couſues ſolidement, formeront une boîte de quatre pouces de profondeur : les deux parties de cuir qui formeront les côtés, seront passées au suif, la fleur en dehors ; elles seront prolongées de trois pouces deux lignes au-dessus de la profondeur de la boîte, pour les rabattre sur le coffret & garantir les cartouches de l'humidité.

La giberne sera bordée aux deux flancs seulement en cuir de vache ou de veau.

Le coffret sera d'un morceau de bois d'orme ou de noyer, de neuf pouces huit lignes de longueur sur deux pouces six lignes d'épaisseur & trois pouces de hauteur, percé, dans le milieu, de douze trous sur deux rangs, & évidé de droite & de gauche en forme carrée, pour recevoir de chaque côté un paquet de quinze cartouches : les chanfreins de ces trous seront arrondis avec la lime douce pour conserver le papier des cartouches ; on logera dans un trou à cartouche une petite fiole à l'huile, en fer-blanc.

Il sera cloué derrière le coffret une pattelette de cuir de veau noirci, de la largeur de la boîte de la giberne, laquelle pattelette se boutonnera sur le devant de cette boîte pour la couvrir & empêcher les cartouches de se perdre.

La pattelette de la giberne sera découpée par le bas en feston ; elle sera large de onze pouces à sa partie supérieure vers le cintre, & de onze pouces & demi à son extrémité ; l'endroit du cintre sera échancré à dix pouces, de façon à pouvoir l'ouvrir aisément.

Il sera cousu au milieu & sur le devant de la boîte de la giberne, une petite bourse de cuir de veau noirci, pour mettre les pierres à fusil, la pièce grasse & le tire-balle ; & l'entrée de cette bourse, garnie d'un petit bouton, se fermera par une patte à boutonnière qui s'y attachera.

Il sera pareillement cousu au-dessous de la pattelette,

une courroie de cinq pouces de long ſur onze lignes de large, pour l'aſſujettir à une boucle large de onze lignes, couſue dans le milieu de la partie inférieure de la boîte.

Enfin on coudra aux deux flancs de la boîte, à leur partie ſupérieure, un paſſant de fort cuir de vache, large de quinze lignes, pour paſſer la courroie-porte-giberne; & aux deux bouts en deſſous, il ſera couſu deux boucles de cuivre larges de deux pouces en dedans, pour boucler ladite courroie-porte-giberne.

Porte-giberne de Dragon.

La courroie porte-giberne ſera de buffle blanc, large de deux pouces ſix lignes, & longue de ſix pieds; elle ſera garnie, à quatre pouces près de la giberne, d'une traverſe de même buffle de pareille largeur, & longue d'un pied, ſur laquelle il ſera couſu deux contre-ſanglons à boucles de cuivre, larges de onze lignes; ces contre-ſanglons ſeront longs d'un pied, pour attacher le bonnet d'écurie; la traverſe ſera couſue à la courroie porte-giberne, à quatre pouces au-deſſus de la giberne.

Bretelle de mouſqueton ou de fuſil.

La bretelle de mouſqueton ou de fuſil pour les Cavaliers ou Dragons, ſera de cuir de Ruſſie, large de ſeize lignes ſur trois pieds ſix pouces de long; elle ſera garnie à l'une de ſes extrémités, d'une petite boucle de cuivre cambrée, longue de ſeize lignes & de cinq lignes d'ouverture.

Collier de Tambour.

Le collier ou porte-caiſſe de Tambour pour les Dragons, ſera ſemblable à celui de l'Infanterie.

Durée & remplacement des effets d'équipement.

La durée des ſabres, ceinturons, gibernes, porte-gibernes & bretelles de mouſquetons & de fuſils, ſera fixée à vingt ans; au moyen de quoi le remplacement en ſera fait chaque année par vingtième au complet.

Bottes de Cavalier.

Les bottes de Cavalier ſeront demi-fortes, en cuir de vache ſouple, & cirées en ſuif; elles ſeront garnies d'éperons d'une ſeule pièce, & dont chaque branche, meſurée du collet, qui ſera de neuf à dix lignes de ſaillant, ait

ait cinq pouces, y compris la boucle qui sera formée du corps de la branche même. La fourniture des éperons sera, comme par le passé, à la charge du Cavalier. Les bottes de la Cavalerie ne seront remplacées à neuf, qu'après trois années de service en temps de guerre, & elles dureront cinq ans en temps de paix; au moyen de quoi elles seront remplacées par cinquième chaque année au complet des hommes montés. Pendant lesdites cinq années, il ne pourra être porté en dépense sur le restant de la masse générale que le prix d'un remontage: le surplus sera à la charge du Cavalier.

Durée & remplacement des bottes de Cavalier.

Les bottes de Dragon seront molles, en cuir de veau fort; & pareillement garnies d'éperons qui seront à la charge du Dragon; elles seront remplacées à neuf après deux années de service en temps de guerre; leur durée sera de quatre ans en temps de paix, & elles seront en conséquence remplacées par quart chaque année au complet des hommes montés. Pendant lesdites quatre années, il ne pourra être porté en dépense sur la masse générale, que le prix d'un remontage: le surplus sera à la charge du Dragon.

Bottes de Dragon.

Durée & remplacement des bottes de Dragon.

Le porte-manteau pour la Cavalerie ou les Dragons, sera de tricot, de la couleur affectée à l'équipage du cheval de chaque régiment; il sera long de vingt-cinq pouces à vingt-cinq pouces huit lignes, largeur ordinaire du tricot, sur neuf pouces & demi de largeur; les extrémités seront en carré long, de neuf pouces & demi sur trois pouces & demi, bordées autour d'un galon de neuf lignes, de la livrée de l'équipage du cheval. L'ouverture du porte-manteau sera de treize pouces; il y sera ajouté une petite patte pour la fermer, au moyen de six petits boutons de tricot, qui seront cousus au porte-manteau, lequel sera de plus garni d'une grande patte destinée à recouvrir la besace: & cette patte aura vingt-cinq pouces huit lignes de longueur, sur dix-sept de largeur; elle sera fermée par trois contre-sanglons qui y

Porte-manteau.

ſeront couſus, & trois boucles enchappées qui ſeront attachées à la partie inférieure du porte-manteau.

Beſace. La beſace ſera de treillis; elle aura également vingt-cinq pouces huit lignes de longueur, ſur neuf pouces & demi de largeur; les extrémités ſeront en carré long, de neuf pouces & demi de longueur, ſur trois pouces & demi de largeur; elles ſeront recouvertes de tricot & bordées autour d'un galon de neuf lignes, de la livrée de l'équipage du cheval: l'ouverture ſera de treize pouces; elle ſera fermée par une petite lanière de cuir, qui ſe lacera dans ſix œillets, faits de chaque côté de cette ouverture. Les extrémités du porte-manteau & de la beſace, ſeront garnies en dedans d'un morceau de cuir fort, pour leur donner de la fermeté.

Durée & remplacement du porte-manteau & de la beſace. La durée du porte-manteau & de la beſace eſt fixée à dix ans; au moyen de quoi ces deux parties d'équipement ſeront remplacées chaque année par dixième au complet des hommes montés.

Effets que doit contenir le porte-manteau. Le porte-manteau contiendra tous les effets du petit équipement, ainſi que le gilet, la culotte de peau de rechange & du pain pour quatre jours; & on ſerrera *Effets à mettre dans la beſace.* dans la beſace, tous les objets qui ſeroient ſuſceptibles de bleſſer le cheval, tels que les uſtenſiles d'écurie, les vergettes, les décrottoires, la boîte à graiſſe & la paire de ſouliers; le ſurtout ſera plié & renfermé au-deſſus de la beſace & ſous la patte du porte-manteau; les cordes à fourrages ſeront pliées & ficelées en carotte, & s'attacheront entre le trouſſequin de la ſelle & la charge du Cavalier ou Dragon.

ARTICLE 8.

De l'Équipement des Officiers.

Sabre. LE ſabre des Officiers de Cavalerie & de Dragons ſera de cuivre doré, des modèles arrêtés pour les uns & pour les autres.

Le sabre sera garni d'une dragonne ou cordon mêlé de filés d'or & de soie couleur de feu, dans la forme & la proportion déterminées pour le mélange des épaulettes; le gland sera garni d'une frange conforme à celle réglée pour l'épaulette de chaque grade; & il est expressément défendu à tout Officier d'en porter une autre que celle attribuée à l'emploi qu'il exercera. *Dragonne.*

Lesdits Officiers porteront, hors de service, l'épée du modèle dit à la Mousquetaire, réglé pour ceux d'Infanterie par l'*article 8 du chapitre I.er* *Épée, hors de service.*

Le ceinturon pour les Officiers de Cavalerie & de Dragons, sera de buffle blanc, des largeurs, proportions & formes qui ont été réglées pour les Cavaliers & Dragons, & il sera porté sur la veste : l'usage des cordons de soie pour en tenir lieu est expressément défendu. *Ceinturon.*

Les bottes pour les Officiers, seront de la même forme que celles qui sont réglées pour les Cavaliers & Dragons; les éperons seront de fer bronzé : ceux d'argent ou d'autre métal sont expressément défendus. *Bottes.* *Éperons.*

ARTICLE 9.

De l'Harnachement des chevaux des Cavaliers & Dragons.

La housse pour les Cavaliers & Dragons, sera faite en drap de la couleur affectée à l'équipage du cheval, doublée de toile écrûe & lessivée, & bordée de galon de livrée de dix-huit lignes de large, des couleurs réglées pour la distinction particulière de chaque régiment; elle aura quarante-un pouces de largeur, vingt-deux pouces de hauteur de chaque côté, & onze pouces sur le milieu de la croupe, afin qu'elle couvre exactement les coussinets. L'échancrure, en demi-ovale, aura dix-huit à dix-neuf pouces de large, sur onze à douze pouces de *Housse de Cavalier & de Dragon.*

profondeur, & la largeur du haut de chaque côté ſera de dix pouces.

Chaperons. Les chaperons ſeront faits du même drap que la houſſe, & bordés d'un ſemblable galon de dix-huit lignes de large; ils ſeront façonnés en forme de demi-ovale régulier, de la hauteur de ſept pouces trois lignes & de dix pouces de largeur; on les doublera d'un cuir de veau fauve, auquel il ſera ajouté un autre morceau de cuir de la même forme, pour ſervir de calotte propre à recouvrir le piſtolet, en relevant le chaperon, qui ſera contenu en cet état par une petite lanière ouverte en forme de boutonnière, couſue ſur le cuir qui ſervira de doublure au chaperon, & laquelle s'attachera à un petit bouton de cuir poſé ſur la fonte. Les chaperons ſeront couſus à la partie antérieure du cercle de la fonte: on aura attention de choiſir le meilleur veau pour la calotte & de le mouiller avant de l'employer, ainſi que le galon pour bordé, afin de prévenir les effets de la pluie, qui rétréciroit la calotte.

Durée & remplacemens de la houſſe & des chaperons. La durée de la houſſe & des chaperons ſera fixée à dix ans; ils ſeront en conſéquence remplacés chaque année par dixième au complet des hommes montés.

Selle, bride, mords & bridon. La ſelle & tous les équipages qui en dépendent, ainſi que la bride, le mords, la têtière de bride, & le bridon dont les régimens de Cavalerie & de Dragons feront uſage, ſeront conformes à la deſcription qui en ſera faite à la ſuite du préſent règlement. *Durée & remplacement.* La durée des ſelles eſt fixée à vingt ans: elles ſeront en conſéquence remplacées chaque année par vingtième au complet des hommes montés.

Couverture de laine. La couverture de laine pour ſervir ſous la ſelle, ſera de quatre pieds & demi de longueur ſur quatre pieds de largeur. La fourniture de la couverture continuera d'être comme par le paſſé à la charge du Cavalier & du Dragon.

ARTICLE 10.

ARTICLE 10.

De l'Harnachement des chevaux des Officiers.

La selle sera de drap de la couleur de la housse; les mords de bride seront garnis de bossettes jaunes, de vingt-deux lignes de diamètre, & de quatre lignes & demie de hauteur, timbrées comme le bouton de l'habit. *Selle.* *Mords de bride.*

Les housses & les chaperons pour les Officiers, seront en drap de même couleur que celui de l'uniforme des Cavaliers ou Dragons, exécutés dans la même forme, & bordés de galons d'or ou d'argent, suivant la couleur du bouton de l'habit, des largeurs ci-après: *Housses & chaperons.*

SAVOIR,

De trente lignes pour les Mestres-de-camp-commandans & en second, Lieutenans-colonels & Majors. *Galons distinctifs des grades.*

De vingt-quatre lignes pour les Capitaines.

De vingt lignes pour les Lieutenans en premier & Lieutenans en second.

Et de quinze lignes pour les Sous-lieutenans & autres Officiers attachés à l'État-major.

Toute autre espèce d'agrément, franges, armoiries ou ornemens quelconques sur l'équipage du cheval, est expressément défendue.

ARTICLE 11.

De l'Armement des Cavaliers ou Dragons.

LES Adjudans, Maréchaux-des-logis, Fourriers & Trompettes de Cavalerie, seront armés de deux pistolets, indépendamment du sabre. *Adjudans, Maréchaux-des-logis, Fourriers & Trompettes de Cavalerie, armés de deux pistolets.*

Les Brigadiers, Appointés & Cavaliers, auront un sabre, un mousqueton & deux pistolets. *Brigadiers, Appointés & Cavaliers, le seront en outre d'un mousqueton.*

Ils porteront le plastron de cuirasse en fer, même en temps de paix, aux revues de parades générales & parti- *Plastron de cuirasse.*

culières, & lorsque la Cavalerie sera de service à cheval; & ils se fourniront à cet effet, lorsqu'ils en recevront l'ordre, d'un plastron de deux toiles, matelassé de bourre & piqué, conforme au modèle qui sera envoyé.

Armement des Adjudans, Maréchaux-des-logis, Fourriers & Trompettes de Dragons.

Les Adjudans, Maréchaux-des-logis, Fourriers, Trompettes & Tambours de Dragons, seront armés indépendamment du sabre, de deux pistolets.

Idem des Brigadiers, Appointés & Dragons.

Outil.

Les Brigadiers, Appointés & Dragons, seront armés, en outre du sabre, d'un fusil, d'une baïonnette & d'un seul pistolet, en opposition duquel ils porteront à l'arçon de la selle un outil garni de son étui.

Les Cavaliers à pied ne seront armés que du mousqueton & du sabre.

Les Dragons à pied, que du fusil, de la baïonnette & du sabre.

Les Fourriers porteront une fiche pour les campemens.

Les Fourriers, tant des régimens de Cavalerie que de Dragons, continueront de porter pour les campemens, une fiche longue de six pieds, garnie d'une banderole de drap de la couleur distinctive du régiment, & sur laquelle le numéro sera mis d'une manière très-apparente en couleur opposée; ils porteront, à cheval, le talon de cette fiche dans une botte à peu-près semblable à celle destinée à porter le mousqueton, le bout supérieur en arrière.

ARTICLE 12.

De l'Armement des Officiers.

Les Officiers armés de deux pistolets.

INDÉPENDAMMENT du sabre uniforme dont chaque Officier de Cavalerie & de Dragons devra être pourvu, il sera armé de deux pistolets.

Porteront le ceinturon sur la veste.

Contre-épaulette.

Tous les Officiers porteront le ceinturon sur la veste, & néanmoins auront une contre-épaulette comme celle de l'Infanterie.

ARTICLE 13.

Du petit Équipement dont chaque bas Officier, Cavalier ou Dragon ſera pourvu.

LE petit équipement dont chaque bas Officier, Cavalier ou Dragon ſera pourvu, conſiſtera en trois chemiſes; deux cols de baſin blanc; une culotte de peau de rechange; deux paires de bas; une paire de ſouliers; une paire de guêtres noires; deux paires de manchettes de botte; deux mouchoirs; une boucle de col; une paire de boucles de ſouliers; deux paires de boucles de jarretières, dont une pour la culotte & une pour les guêtres; un ſac à poudre & une houppe à poudrer; un peigne à retaper; un peigne à décraſſer; une broſſe pour l'habit & le chapeau; des broſſes pour les bottes & les ſouliers; une boîte à graiſſe; une petite broſſe pour nétoyer le cuivre; un pinceau pour blanchir la buffleterie; un dez à coudre; du fil; des éguilles; une paire de ciſeaux; un tire-bouton; un tire-bourre; une épinglette; un tourne-vis; une broſſe; une étrille; un peigne; une éponge; une épouſſette; des morceaux de vieux drap pour frotter les taches de ſon habit; & du vieux linge pour nétoyer ſon arme. *Détail des effets de petit équipement.*

Les chemiſes, guêtres & manchettes de bottes, ſeront marquées de la lettre affectée à chaque Compagnie. *Effets à marquer de la lettre de la Compagnie.*

Les manches des chemiſes ſeront à la matelotte; les ſeuls Maréchaux-des-logis & Fourriers porteront des manchettes, comme celles réglées pour l'Infanterie. *Les Maréchaux-des-logis & Fourriers, porteront des manchettes.*

Les cols ſeront de baſin blanc, de la largeur de vingt à vingt-deux lignes, doublés d'une toile blanche forte, & s'attacheront avec une boucle de cuivre, carrée intérieurement, & ayant les angles extérieurs arrondis. *Cols.*

Les manchettes de bottes ſeront en toile blanche; les gants ſeront en peau jaune. *Manchettes de bottes, Gants.*

ARTICLE 14.

De la Tenue.

La tenue dans la Cavalerie, comme celle prescrite pour l'Infanterie.

TOUT ce qui a été prescrit pour la tenue, par l'*article 2 du chapitre I.er* concernant l'Infanterie, sera exécuté avec le plus grand soin par les bas Officiers, Cavaliers & Dragons; & les Officiers y tiendront la main avec exactitude.

Cheveux des Cavaliers en queue; ceux des Dragons en catogan.

Les cheveux des Cavaliers seront liés en queue couverte de ruban noir: ceux des Dragons seront liés en catogan, avec un ruban noir qui sera noué en rosette. Les uns & les autres auront les cheveux des faces coupés de la manière dite, *à l'avant-garde.*

Les cheveux des faces, à l'avant-garde.

ARTICLE 15.

Des Étendards de la Cavalerie, & des Guidons des Dragons.

Étendards, Guidons & Banderoles de Trompettes; leur durée.

LES Mestres-de-camp-commandans des régimens auxquels le Roi fournit les étendards, les guidons & les banderoles de trompettes, seront tenus de la dépense des lances, & de faire les frais de la monture, de la fourniture & de l'entretien des cravattes de taffetas; ainsi que des étuis pour la conservation desdits étendards, guidons & banderoles de trompettes, qui serviront au moins l'espace de vingt ans.

ARTICLE 16.

De l'Uniforme particulier affecté à chaque régiment de Cavalerie.

Habit bleu; veste & culotte blanches, pour la Cavalerie.

TOUS les régimens de Cavalerie porteront l'habit en drap bleu-de-roi, avec poches en travers; la veste en drap blanc, & la culotte de peau blanchie.

Surtouts & gilets de drap bleu.

Les surtouts seront de drap bleu, & les gilets, faits des vieux surtouts, seront de la même couleur.

Lesdits

Lesdits régimens seront (à l'exception de ceux de Royal-Allemand, de Berry, des Carabiniers, d'Artois, d'Orléans & de Nassau-Saarbruck, qui conserveront leurs uniformes tels qu'ils seront ci-après désignés) divisés suivant leur ancienneté, en neuf classes, à chacune desquelles sera affectée une couleur de distinction, de laquelle le premier régiment de chaque classe portera les revers & paremens; le second les revers; & le dernier les paremens seulement, le tout dans l'ordre ci-après,

Les régiment de Cavalerie, classés pour les couleurs distinctives.

SAVOIR;

outons.	Timbrés des N.os	*Régimens.*	*Distinctions.*	*Couleurs.*	*Distinctions particulières.*
aunes...	1.	Colonel-général....	Revers & paremens...	*Écarlate....*	Le Régiment Colonel-général portera un bordé de laine jaune, de six lignes de large, sur les paremens & revers, ainsi que des boutonnières d'un galon semblable. Les deux autres Régimens de l'État-major, ne porteront que des boutonnières.
	2.	Mestre-de-camp-g.al..	Revers............		
	3.	Commissaire-général.	Paremens..........		
lancs...	4.	Royal..............	Revers & paremens....	*Écarlate.*	
	5.	Du Roi............	Revers............		
	6.	Royal-Étranger....	Paremens..........		
lancs...	7.	Cuirassiers.........	Revers & paremens...	*Jonquille.*	
	8.	Royal-Cravattes....	Revers............		
	9.	Royal-Roussillon...	Paremens..........		
lancs...	10.	Royal-Piémont......	Revers & paremens....	*Cramoisi.*	
	12.	Royal-Pologne......	Paremens..........		
lancs...	13.	Royal-Lorraine.....	Revers & paremens...	*Aurore.*	
	14.	Royal-Picardie.....	Revers............		
	15.	Royal-Champagne...	Paremens..........		
lancs...	16.	Royal-Navarre.....	Revers & paremens....	*Rose.*	
	17.	Royal-Normandie...	Revers............		
	18.	La Reine..........	Paremens..........		
lancs...	19.	Dauphin...........	Revers & paremens....	*Gris-argentin.*	
	20.	Bourgogne.........	Revers............		

BOUTONS.	Timbrés des N.os	RÉGIMENS.	DISTINCTIONS.	COULEURS.	DISTINCTION PARTICULIÈRES.
Blancs...	26.	ORLÉANOIS.........	Revers & paremens	*Souci.*	
	27.	EVÊCHÉS...........	Revers...........		
	28.	FRANCHE-COMTÉ......	Paremens..........		
Blancs...	29.	SEPTIMANIE	Revers & paremens....	*Blanc.*	
	30.	QUERCI	Revers............		
	31.	LA MARCHE........	Paremens..........		
Blancs en olive.	11.	ROYAL-ALLEMAND	Paremens & collet....	*Cramoisi...*	Habit à la Polonoise, ga de chaque côté de dix bra debourgs en fil blanc, quatre pouces trois lig de longueur sur un pou cinq lignes de largeur; paremens retroussés en pa à la polonoise, sans bran bourgs, bordés d'un gal de fil blanc de six lign l'habit garni sur chac hanche, de trois bran bourgs en patte-d'oie. Ve courte, de peau de mou blanchie, doublée en to écrue, bordée d'un ga de fil blanc de douze lign & fermée avec seize agra Bonnet de peau d'ours, écusson, le fond en d cramoisi, garni d'un cor à la grenadière; panache plumes blanches.
Blancs....	21.	BERRI.............	Revers & paremens...	*Blanc.....*	Collet & doublure *écarla*
Blancs, timbrés d'une fleur-de-lys.	22.	CARABINIERS	Revers & paremens...	*Écarlate...*	Le collet droit en drap bl bordé d'un galon d'arg de six lignes de large sept petits boutons, même nombre d'agrém ou boutonnières en gal d'argent de huit ligne chaque revers; le parem bordé d'un galon d'ar de douze lignes; trois boutons à chaque poc & point de boutonnière argent sur la patte; le ricre de l'habit orné fer-à-cheval en galon gent; épaulettes en écarlate, bordées d'un g d'argent de quatre lig chapeau bordé d'argen
Blancs, timbrés des armes du Prince.	23.	ARTOIS...........	Revers & paremens...	*Bleu-celeste....*	Collet *écarlate.*
Blancs, timbrés des armes du Prince.	24.	ORLÉANS..........	Revers...........	*Bleu-céleste.*	
Blanc en olive.	25.	NASSAU-SAARBRUCK...	Paremens & collet....	*Orange.*	Le surplus de son unifor semblable à celui de Ro Allemand.

Les houſſes & chaperons des chevaux des régimens de l'État-major, ſeront en drap & galon de laine, aux livrées du Colonel général, du Meſtre-de-camp-général & du Commiſſaire-général.

Houſſes & chaperons des régimens de l'État-major, aux livrées du Colonel-général, du Meſtre-de-camp-général & du Commiſſaire-général.

Indépendamment du galon dont les houſſes & chaperons des régimens de l'État-major ſeront bordées, les Meſtres-de-camp titulaires y feront ajouter en trophées, comme attribut de leur charge.

Trophées ſur ces houſſes & chaperons.

SAVOIR:

Le Colonel-général, cinq étendards en faiſceaux: deux bleus, deux rouges & un blanc.

Le Meſtre-de-camp-général, trois étendards: un bleu, un rouge & un blanc.

Et le Commiſſaire-général, deux étendards, dont un blanc & un bleu.

Ces trophées ſeront façonnés en ſerge découpée & entourée de cordonnet de laine: chacun ſera d'environ cinq pouces de longueur.

Aucun autre régiment ne pourra porter de trophées ni écuſſons ſur les houſſes & chaperons, qui ſeront, pour le ſurplus de la Cavalerie, en drap bleu, bordés de galons de laine des couleurs & deſſins ci-après.

Ni trophées ni écuſſons ſur les houſſes & chaperons des autres régimens de Cavalerie.

Leurs couleurs & galons.

SAVOIR:

ROYAL: aurore, à cinq bandes, dont trois à point de chaînette & deux à fond luiſant.

DU ROI: à la livrée du Roi.

ROYAL-ÉTRANGER: en fil blanc.

CUIRASSIERS DU ROI: fond blanc velouté, à deux lézardes rouges.

ROYAL-CRAVATTES: fond aurore velouté, moucheté de bleu, rouge & blanc.

ROYAL-ROUSSILLON: fond aurore velouté, à deux lézardes bleues.

ROYAL-PIÉMONT: fond aurore velouté, à trois rangs de carreaux, celui du milieu rouge & blanc, les deux autres bleus.

Royal-Allemand: fond blanc velouté, avec une lézarde rouge au milieu.

Royal-Pologne: fond aurore velouté à grain d'orge bleu, renfermant des carreaux blancs.

Royal-Lorraine: fond uni à tablettes blanches & bleues.

Royal-Picardie: à chaînettes jaunes ſur un fond rouge plein.

Royal-Champagne: à chaînettes noires ſur un fond plein iſabelle.

Royal-Navarre: à chaînettes rouges ſur un fond plein blanc.

Royal-Normandie: à tablettes rouges & blanches ſur un fond uni.

La Reine: à la livrée de la Reine.

Dauphin: fond aurore velouté, moucheté de bleu.

Bourgogne: velouté à moſaïques bleues, renfermant des grains d'orge cramoiſis, ſur un fond blanc liſéré de cramoiſi.

Berry: en échelle bleu, rouge & blanc; fond aurore velouté.

Carabiniers: de fil blanc poſé à la Bourgogne.

Artois: velouté, à la livrée d'Artois.

Orléans: à la livrée d'Orléans, rayé dans le milieu de deux raies blanches & bleues.

Orléanois: jaune, à carrés mi-parti diagonalement de noir & de rouge.

Évêchés: jaune, à carrés écartelés rouge & bleu; une croix blanche brochant ſur chacun.

Franche-Comté: jaune, à carreaux alternativement blancs & cramoiſis.

Septimanie: blanc, à cinq raies alternativement cramoiſies & bleues, liées en faiſceaux par un ruban jaune.

Quercy: blanc, à colonne bleue, autour de laquelle règne un ruban cramoiſi, ſur un fond jaune bordé de noir.

La Marche: blanc, à carreaux alternativement jaunes & rouges.

Les

Les porte-manteaux de tous les régimens de Cavalerie feront en tricot bleu, bordés d'un galon de neuf lignes, femblable à celui des houffes & chaperons. *Couleur & galon des porte-manteaux.*

ARTICLE 17.

De l'Uniforme particulier affecté à chaque régiment de Dragons.

LES régimens de Dragons porteront l'habit en drap vert foncé; la vefte en drap blanc; & la culotte de peau blanchie. *Habit vert; vefte & culotte blanches, pour les Dragons.*

Les furtouts feront de drap vert; & les gilets, faits des vieux furtouts, feront de la même couleur. *Surtouts & gilets de drap vert.*

Lefdits régimens (excepté celui d'Artois, qui confervera l'uniforme particulier ci-après défigné) feront partagés par ordre d'ancienneté en fix claffes, dont chacune aura fa couleur diftinctive. *Les régimens de Dragons claffés, pour les couleurs diftinctives.*

La première comprendra trois divifions, chaque divifion de deux régimens; la feconde fera de trois régimens, divifés par un & deux; les trois claffes fuivantes feront chacune de quatre régimens formant deux divifions, & la dernière ne fera que de deux régimens. Le premier régiment de chaque divifion portera les revers & paremens de la couleur affectée à la claffe dont il fera; le fecond les revers feulement. *Divifion de chaque claffe, relativement aux couleurs des revers, paremens & boutons.*

Ceux qui porteront les boutons jaunes auront les poches en travers; & les poches en long feront affectées à ceux qui auront des boutons blancs, le tout comme ci-après:

SAVOIR;

BOUTONS godronnés	Timb des N.os	RÉGIMENS.	DISTINCTIONS.	COULEURS.	DISTINCTIO[NS] PARTICULIÈR[ES]
Jaunes...	1.	COLONEL-GÉNÉRAL....	Revers & paremens...	Écarlate....	Le Régiment Colon[el-gé]néral portera un bor[d de] laine jaune, de six [lignes] de large sur les parem[ens &] revers, ainsi que des [bou]tonnières d'un galon [sem]blable de trois lignes. Celui du Mestre-de-c[amp] général ne portera qu[e les] boutonnières.
	2.	MESTRE-DE-CAMP GÉN.l.	Revers............		
	3.	ROYAL.............	Revers & paremens....		
	4.	DU ROI...........	Revers...........		
Blancs...	5.	LA REINE..........	Revers & paremens....		
	6.	DAUPHIN...........	Revers............		
Jaunes...	7.	MONSIEUR..........	Revers & paremens...	R se.	
Blancs...	9.	ORLÉANS...........	Revers & paremens....		
	10.	CHARTRES..........	Revers............		
Jaunes...	11.	CONDÉ.............	Revers & paremens...	Chamois....	Les deux premiers, ch[amois] Condé; le troisième, [cha]mois Conti; le quatri[ème] chamois ordinaire.
	12.	BOURBON...........	Revers...........		
Blancs...	13.	CONTI.............	Revers & paremens....		
	14.	PENTHIÈVRE........	Revers............		
Jaunes... Ceux de Lorraine, timbrés d'une Croix de Lorraine.	15.	BOUFFLERS.........	Revers & paremens...	Cramoisi.	
	16.	LORRAINE..........	Revers............		
Blancs...	17.	MONTMORENCI.......	Revers & paremens....		
	18.	LA ROCHEFOUCAULD..	Revers............		
Jaunes...	19.	DEUX-PONTS........	Revers & paremens...	Aurore.	
	20.	DURFORT...........	Revers...........		
Blancs...	21.	SEGUR.............	Revers & paremens...		
	22.	LANGUEDOC.........	Revers............		
Blancs...	23.	NOAILLES..........	Revers & paremens....	Blanc.	
	24.	SCHOMBERG.........	Revers............		
Bla[n]cs. T[illegible] armes du Prince.	8.	ARTOIS............	Revers...........	Blanc......	Paremens & collet écarl[ate], doublure blanche.

Ces boutons sont en outre timbrés des armes des Princes. (N.os 7 à 14)

Les housses & chaperons des chevaux des régimens de l'État-major seront en drap & galon de laine, aux livrées du Colonel-général & du Mestre-de-camp-général.

Housses & chaperons des régimens de l'État major, aux livrées du Colonel-général & du Mestre-de-camp-général.

Indépendamment du galon dont les housses & chaperons des régimens de l'État-major seront bordés, les Mestres-de-camp titulaires y feront ajouter en trophées, comme attribut de leur charge.

Trophées sur les housses & chaperons.

SAVOIR:

Le Colonel-général, cinq guidons en faisceaux: deux bleus, deux rouges & un blanc.

Et le Mestre-de-camp-général, trois guidons: un bleu, un rouge & un blanc.

Ces trophées seront façonnés en serge découpée & entourée de cordonnet de laine: chacun sera d'environ cinq pouces de longueur.

Aucun autre régiment ne pourra porter de trophées ni écussons sur les housses & chaperons, qui seront pour le surplus des Dragons en drap des couleurs ci-après, & bordés des galons de laine qui vont être désignés, le tout ainsi qu'il suit:

Ni trophées ni écussons sur les housses & chaperons des autres régimens de Dragons.

Leurs couleurs & galons.

SAVOIR:

ROYAL: en drap vert, bordé d'un galon à chaînettes bleues & rouges, sur un fond blanc plein.

DU ROI: en drap vert, bordé d'un galon à chaînettes bleues, rouges & blanches, sur un fond jaune plein.

LA REINE: en drap rouge, bordé d'un galon à la livrée de la Reine.

DAUPHIN: en drap vert, bordé d'un galon en fil blanc à grain d'orge.

MONSIEUR: en drap rouge, bordé d'un galon à la livrée de Monsieur.

ARTOIS: en drap cramoisi, bordé d'un galon à la livrée d'Artois.

Orléans: en drap rouge, bordé d'un galon à la livrée d'Orléans.

Chartres: en drap rouge, bordé d'un galon à la livrée de Chartres, fond bleu velouté au milieu de deux raies de carreaux oblongs, rouges & blancs.

Condé: en drap vert, bordé d'un galon à la livrée de Condé, cramoisi velouté.

Bourbon: en drap vert, bordé d'un galon à la livrée de Bourbon, velouté, avec raie ventre-de-biche au milieu de deux raies cramoisies mouchetées de blanc, liséré de couleur ventre-de-biche.

Conti: en drap chamois Conti, bordé d'un galon à la livrée de Conti.

Penthièvre: en drap rouge, bordé d'un galon à la livrée de Penthièvre.

Boufflers: en drap vert, bordé d'un galon fond blanc plein, liséré de jaune à carreaux cramoisis en losanges, une raie bleue sur le milieu.

Lorraine: en drap vert, bordé d'un galon à chaînettes couleur isabelle.

Montmorenci: en drap vert, bordé d'un galon fond blanc velouté, à deux lézardes cramoisies.

Larochefoucauld: en drap vert, bordé d'un galon fond blanc plein, avec une raie verte à chaînettes au milieu.

Deux-Ponts: en drap vert, bordé d'un galon fond blanc plein à doubles raies cramoisies, en chaînettes.

Durfort: en drap vert, bordé d'un galon à tablettes bleues & aurores sur un fond uni.

Ségur: en drap vert, bordé d'un galon à tablettes blanches & noires, fond uni,

Languedoc: en drap vert, bordé d'un galon à tablettes bleues & blanches, sur un fond uni.

Noailles: en drap vert, bordé d'un galon à tablettes violettes & jaunes, sur un fond uni.

Schomberg: en drap vert, bordé d'un galon fond aurore velouté, à doubles lézardes noires.

Couleur & galon des porte-manteaux.

Les porte-manteaux de tous les régimens de Dragons seront en tricot de même couleur que les housses & chaperons, & bordés de galons semblables.

CHAPITRE V.

CHAPITRE V.

HUSSARDS.

ARTICLE PREMIER.

De l'Habillement.

L'HABILLEMENT uniforme des bas Officiers & Huſſards, ſera coupé à la hongroiſe, en drap des couleurs qui ſeront affectées à chaque régiment : cet habillement ſera compoſé d'une peliſſe, d'un dolman & d'une culotte. *Forme & compoſition de l'habillement.*

La peliſſe ſera garnie, ſur le devant, de trente-ſix agrémens ou boutonnières, formés avec des ganſes carrées de laine ou de fil des couleurs qui ſeront réglées pour chaque régiment, à raiſon de dix-huit de chaque côté; d'une douzaine & demie de gros boutons ronds pour former le rang du milieu, & de trois douzaines de petits demi-ronds pour former ceux des côtés; les coutures de cette peliſſe ſeront recouvertes d'une ganſe plate de la largeur de quatre lignes, de la même couleur que celle réglée pour les boutonnières, & elle ſera bordée avec la même ganſe; la doublure ſera de peau de mouton blanc bordée de mouton noir; chaque peliſſe ſera garnie au collet d'un gros cordon, avec boutons en olive de la même couleur que les agrémens. *Peliſſe.*

Le dolman ſera plus court de ſept pouces que la peliſſe; il ſera garni du même nombre d'agrémens & de boutons; les coutures ſeront recouvertes, comme celles de la peliſſe, d'une ganſe plate large de quatre lignes, & il ſera bordé avec la même ganſe; la doublure ſera en forte toile, & le pourtour par le bas ſera recouvert d'un morceau de peau rouge de ſix pouces de hauteur; le dolman ſera de plus garni d'un petit parement retrouſſis en drap de la couleur réglée, coupé en équerre & de deux pouces de hauteur. *Dolman.*

Culotte. La culotte ſera à la hongroiſe, doublée d'une bonne toile écrue ; les ouvertures, l'échancrure & les coutures du derrière, ſeront garnies d'une ganſe plate de quatre lignes, ſemblable à celle dont il ſera fait uſage pour la peliſſe & le dolman ; & l'extrémité de chaque canon ſera garnie de ſix agrafes ou crochets.

Durée & remplacement de la peliſſe & du dolman. La durée de la peliſſe & du dolman eſt fixée à ſix ans ; au moyen de quoi, ils ſeront remplacés chaque année par ſixième au complet.

Idem *des culottes.* Celle des culottes eſt fixée à deux ans ; & elles ſeront en conſéquence remplacées chaque année par moitié au complet.

Écharpe ; durée & remplacement. L'écharpe ſera de laine cordonnée, de la longueur de huit pieds, de couleur cramoiſie ; mais les boutons de cette écharpe, ſeront des couleurs affectées à chaque régiment, pour la garniture des bonnets. La durée en eſt fixée à ſix ans ; au moyen de quoi, les écharpes ſeront remplacées chaque année par ſixième au complet.

Manteau ; Idem. Le manteau ſera de drap teint en pièce, fabriqué & apprêté à deux envers ; le devant ne ſera point parementé ; il y ſera ajouté un capuchon. La durée en eſt fixée à douze ans ; & ils ſeront remplacés chaque année par douzième au complet des hommes montés.

Surtout & gilet. Indépendamment des parties d'habillement ci-deſſus, chaque bas Officier & Huſſard ſera pourvu d'un ſurtout & d'un gilet de drap, ainſi qu'il eſt réglé pour la Cavalerie & les Dragons, par l'*article 1.er du Chapitre IV* du préſent Règlement.

ARTICLE 2.

De la Coiffure.

Bonnet ou ſchakos. LES bonnets ou ſchakos ſeront de feutre noir, façonnés à la hongroiſe ; ils ſeront doublés d'étoffe de laine des couleurs affectées à chaque régiment, & bordés d'un galon de neuf lignes.

La durée en eſt fixée à quatre ans, au moyen de quoi ils feront remplacés chaque année par quart au complet. *Leur durée & remplacement.*

Chaque bas Officier & Huſſard portera un bonnet de police façonné à la dragonne, lequel fera fait avec les économies de la coupe de l'habillement neuf & les meilleurs morceaux des débris du vieil habillement. *Bonnet de police.*

ARTICLE 3.

Des marques diſtinctives du grade des Adjudans, Maréchaux-des-logis en chef, Fourriers, Maréchaux-des-logis, Brigadiers, Appointés, Huſſards - Gentilshommes & Maréchaux-Ferrans.

LES Adjudans, les Maréchaux-des-logis & les Fourriers, porteront la bordure de leur peliſſe en peau de dos de renard. *Adjudans, Maréchaux-des-logis & Fourriers : bordure de peliſſe.*

Les Adjudans porteront en outre ſur le dehors du bras, trois galons d'argent fin large de dix lignes, poſés en chevron & couſus à quatre lignes de diſtance l'un de l'autre. *Adjudans.*

Les Maréchaux-des-logis en chef, porteront également ſur le dehors du bras, un double chevron de galon d'argent large de dix lignes, couſu de même à quatre lignes de diſtance l'un de l'autre. *Maréchaux-des-logis en chef.*

Les Fourriers porteront une double bande de galon d'argent large de dix lignes, couſue en travers ſur le dehors de la manche au-deſſus du pli du bras. *Fourriers.*

Les Maréchaux-des-logis porteront un ſeul chevron de galon d'argent, couſu ſur le dehors du bras. *Maréchaux-des-logis.*

Les Brigadiers porteront une double bande de galon de fil blanc, large de dix lignes, couſue au-deſſus du parement, à ſix lignes de diſtance l'une de l'autre. *Brigadiers.*

Appointés. Les Appointés porteront une seule bande de galon de fil blanc, cousue au-dessus du parement.

Hussards Gentilshommes. Les Hussards qui seront Gentilshommes, porteront pour distinction, une épaulette sans frange, de galon d'or ou d'argent, large de quinze lignes, suivant la couleur du bouton.

Maréchaux-ferrant. Les Maréchaux-ferrant porteront sur le dehors & au-dessus du pli du bras, la figure d'un fer-à-cheval en galon de fil blanc.

Hommes rengagés. Les hommes rengagés, continueront de porter le chevron ou le double chevron, en galon de fil blanc ou de laine jaune, de dix lignes de large.

Les distinctions sur le surtout, à la charge des bas Officiers & Hussards. Les distinctions ci-dessus réglées, pourront être mises sur les surtouts; mais elles seront à la charge des bas Officiers & Hussards.

ARTICLE 4.

De l'Habillement des Trompettes.

Habits & vestes à la livrée des Mestres-de-camp titulaires. Les Trompettes des régimens de Hussards, porteront les habits & vestes à la livrée des Mestres-de-camp titulaires; les habits des Trompettes seront faits à la françoise; ils seront bordés d'un galon de neuf lignes de large, & garnis de chaque côté sur le devant jusqu'à la poche, de six brandebourgs de galon de dix-huit lignes de large; les manches seront bordées de sept bandes de galon de neuf lignes, cousues en dehors du bras, d'une couture à l'autre, à distance égale.

Forme des vestes. Les vestes seront faites sans poches ni pattes.

Culottes: quatre livres par an, pour leur entretien. Les culottes seront de peau; & leur entretien sera à la charge des Trompettes, au moyen des quatre livres, qui leur seront payées chaque année, à l'époque du 1.er Septembre. Lesdits Trompettes seront coiffés avec des chapeaux uniformes, tels qu'ils ont été réglés pour la Cavalerie. *Chapeaux.*

ARTICLE 5.

ARTICLE 5.

De l'Habillement des Officiers.

L'HABILLEMENT des Officiers ſera uniforme à celui des Huſſards, & ne différera que par la qualité des draps, qui ſeront d'Elbœuf ou des manufactures de même eſpèce; des boutons, qui ſeront dorés ou argentés; des ganſes ou cordonnets, qui ſeront en or ou en argent; des écharpes, qui, au lieu d'être en laine, ſeront en poil de chèvre de couleur cramoiſie; & par la bordure des peliſſes, qui ſera de gorge-de-renard. *Habillement des Officiers, comme celui des Huſſards : ſeules différences.*

Les bonnets ou ſchakos, ſeront uniformes à ceux qui ont été réglés pour les Huſſards, & ne différeront que par la qualité plus fine des matières dont ils ſeront compoſés. *Schakos.*

Les Officiers de Huſſards pourront porter des ſurtouts de drap, unis & ſans dorure; & ils auront ſur ces ſurtouts, pour les diſtinctions des grades, les épaulettes réglées pour les Officiers de Cavalerie. *Surtouts. Épaulettes.*

Les Officiers porteront avec le ſurtout un chapeau uni, ſans bord, plumet ou bourdaloue, garni ſimplement d'un bouton uniforme, d'une ganſe d'or ou d'argent, & d'une cocarde de baſin blanc. *Coiffure avec le ſurtout.*

Les manteaux ſeront des mêmes couleur & forme que celles réglées pour les Huſſards; & le collet ſera bordé d'un galon d'or ou d'argent, de la largeur d'un pouce, ſuivant la couleur du bouton. *Manteaux.*

Les Officiers ne pourront porter, ſous aucun prétexte, des étoffes, cordonnets ou parure de ſoie dans les effets uniformes; ils ne porteront également aucuns galons ou agrémens d'or ou d'argent, qu'autant qu'ils ſeront permis ou autoriſés par les diſpoſitions du préſent Règlement. L'uſage des manchettes de dentelles eſt & demeure prohibé. *Ornemens proſcrits.*

L'Uniforme toujours porté au régiment. Tous les Officiers, de quelque grade qu'ils ſoient, ſeront tenus de porter en toute occaſion leur habillement uniforme au régiment, pendant qu'ils exiſteront au ſervice.

ARTICLE 6.

Des Marques diſtinctives des grades des Officiers.

Meſtres-de-camp-commandant & en ſecond. LE Meſtre-de-camp-commandant & le Meſtre-de-camp en ſecond, porteront, à l'ouverture de la culotte & au parement, cinq galons, dont trois de quatre lignes de largeur, & deux de neuf lignes, placés en chevron briſé, à une ligne de diſtance l'un de l'autre, & alternativement, en commençant & finiſſant par un galon de quatre lignes.

Lieutenant-colonel. Le Lieutenant-colonel ſera diſtingué par quatre galons, placés de même en chevron briſé; les deux intermédiaires ſeront larges de neuf lignes, le premier & le dernier larges de quatre lignes.

Major. Le Major portera également quatre galons, le premier de quatre lignes en bordé, le ſecond de neuf lignes, & les deux autres au-deſſus, de quatre lignes chacun.

Capitaines-commandans. Les Capitaines-commandans porteront de même quatre petits galons larges de quatre lignes.

Capitaines en ſecond & de remplacement. Les Capitaines en ſecond & les Capitaines de remplacement, n'en porteront que trois de la même largeur de quatre lignes.

Lieutenans en premier & en ſecond. Les Lieutenans en premier & en ſecond, porteront deux galons de quatre lignes de large.

Sous-lieutenans. Les Sous-lieutenans en pied & ceux de remplacement, ne porteront que le bordé de quatre lignes au retrouſſis du parement.

Quartier-maître-tréſorier. Le Quartier-maître-tréſorier portera les deux galons de quatre lignes, comme les Lieutenans.

Porte-étendards. Les Porte-étendards ne porteront qu'un bordé de même largeur, comme les Sous-lieutenans.

ARTICLE 7.

De l'Équipement des bas Officiers & Huſſards.

LE ſabre des Huſſards ſera en cuivre, du modèle arrêté & dont il eſt fait uſage. *Sabre.*

Le cordon de ſabre ſera de cuir noirci, ſemblable à celui de la Cavalerie & des Dragons. *Cordon de ſabre.*

Le ceinturon ſera à la Hongroiſe, de buffle blanc, de la largeur de quinze lignes. Il ſera compoſé de quatre courroies: des deux premières, l'une ſera de deux pieds neuf pouces de longueur, & l'autre de ſept pouces & demi; ces deux courroies ſeront jointes enſemble par trois anneaux de cuivre & deux autres petites courroies de trois pouces de longueur chacune; le ceinturon ſera garni, à gauche, d'un petit anneau de cuivre enchappé, deſtiné à recevoir une agrafe faite en *S*, laquelle ſera adaptée par un anneau coulant de cuivre, à l'extrémité droite dudit ceinturon. Les courroies porte-ſabres ſeront de quinze lignes de largeur; celle de devant aura dix pouces ſix lignes, & celle de derrière deux pieds quatre pouces de longueur; elles ſeront, l'une & l'autre, garnies de deux boucles de cuivre avec ardillons de fer & d'un anneau de buffle, & ſe paſſeront dans les anneaux de cuivre qui ſeront couſus au ceinturon. Il ſera en outre attaché à chacun des trois anneaux de cuivre qui ſerviront à joindre enſemble les courroies du ceinturon, une petite courroie de buffle de onze lignes de large & de vingt-deux pouces de longueur, garnie d'une petite boucle de cuivre avec ardillons de fer, leſquelles courroies ſeront deſtinées à porter la ſabretache. *Ceinturon.*

La ſabretache ſera de drap écarlate, ſoutenue d'un cuir rabattu en bordure ſur le drap : elle ſera ornée du chiffre du Roi, formé avec une ganſe plate ou cordonnet, *Sabretache.*

coufu & appliqué fur la pattelette, & bordée d'un galon de dix lignes de large.

Bandoulière. La bandoulière fera de buffle blanc, fans piqûre ni bordure, large de trois pouces & longue de cinq pieds trois pouces; elle fera garnie, proportionnément à fa largeur, d'un anneau roulant de fer pour porter le moufqueton, d'une boucle forte en cuivre, avec ardillons de fer forgé, & d'un coulant de cuivre, pour affujettir l'extrémité de la bandoulière, qui fera garnie, dans fa largeur, d'une plaque de cuivre feftonnée dans le milieu, large de quinze lignes.

Giberne. La giberne fera de cuir de veau noir fur fleur, longue de neuf pouces quatre lignes, fur deux pouces d'épaiffeur, & bordée aux deux bouts, avec du cuir de veau; elle fera de forme concave au-dedans & convexe à l'extérieur, & garnie d'un bois percé de vingt trous; la pattelette fera de cuir noir également fur fleur, & bordée d'un cuir de veau; le coffret de bois de ladite giberne, fera recouvert, de chaque côté, d'un morceau de cuir, pour prévenir l'humidité; il fera coufu au-deffous de cette pattelette, une lanière de cuir de quatre pouces & demi de longueur & d'un pouce de largeur, pour l'affujettir à une boucle de cuivre, attachée à une femblable lanière de trois pouces de longueur, qui fera coufue à la partie poftérieure de la giberne.

Porte-giberne. La courroie porte-giberne fera de buffle blanc, large de vingt-deux lignes & longue de quatre pieds fix pouces, en deux morceaux; les deux extrémités feront affujetties au coffret de la giberne, au moyen de deux anneaux de cuivre qui y feront attachés; la branche, à gauche du porte-giberne, fera garnie, à un pied de diftance de l'anneau, auquel elle fera affujettie, d'une boucle de cuivre avec ardillon, pour recevoir l'autre branche & l'alonger ou la raccourcir fuivant le befoin; le bout de cette dernière branche fera garni d'une petite plaque de cuivre,

cuivre, de la largeur de neuf lignes, feftonnée dans fon milieu.

La durée des fabres, gibernes, porte-gibernes & bandoulières, fera de vingt ans; au moyen de quoi ils feront remplacés chaque année par vingtième au complet. La durée du ceinturon & de la fabretache, fera de fix ans, & ces deux objets feront en conféquence remplacés chaque année par fixième au complet. *Durée & remplacement des effets d'équipement.*

Le porte-manteau du Huffard, fera fait de tricot, des couleurs affectées à chaque régiment; il fera long de vingt-cinq pouces à vingt-cinq pouces huit lignes; les extrémités feront arrondies, bordées autour, d'un galon large de neuf lignes, des couleurs réglées pour chaque régiment, & croifées du même galon dans le milieu; ledit porte-manteau aura vingt pouces de circonférence; fon ouverture fera de dix pouces, & fera fermée avec cinq boutons de tricot & pareil nombre de boutonnières. La durée des porte-manteaux eft fixée à dix ans; au moyen de quoi ils feront remplacés chaque année par dixième au complet des hommes montés. *Porte-manteau.*

Les bottes feront de cuir de veau fort ou de petite vache, noirci & ciré en fuif; elles feront façonnées à la Hongroife, & garnies d'un éperon qui y reftera toujours attaché; il fera cloué au talon un petit fer pour en prolonger la durée, laquelle fera fixée à deux ans; au moyen de quoi le remplacement en fera fait chaque année par moitié au complet. *Bottes.*

Le reffemelage & le remontage des bottes feront à la charge des Huffards.

ARTICLE 8.

De l'Équipement des Officiers.

LE fabre des Officiers de Huffards fera en cuivre doré, du modèle arrêté & dont il eft fait ufage. *Sabre.*

Le fabre fera garni d'une dragonne ou cordon mêlé *Dragonne.*

de filés d'or & de ſoie couleur de feu, dans la forme & la proportion déterminées pour le mélange des épaulettes. Le gland ſera garni d'une frange conforme à celle réglée pour l'épaulette de chaque grade; & il eſt expreſſément défendu à tout Officier d'en porter une autre que celle attribuée à l'emploi qu'il exercera.

Ceinturon. Le ceinturon ſera de buffle blanc, des mêmes largeur & proportions qui ont été réglées pour les Huſſards.

Sabretache. La ſabretache pour les Officiers, aura une pattelette de drap écarlate, telle qu'elle eſt réglée pour le Huſſard; le chiffre du Roi dont elle ſera ornée, ſera formé en cordonnet d'or ou d'argent, & le pourtour de la pattelette ſera garni d'un petit galon de dix lignes.

Bottes. Les bottes ſeront de cuir noir, façonnées à la Hongroiſe; celles de peau ou de cuir de toute autre couleur, ſont & demeurent expreſſément défendues.

ARTICLE 9.

De l'Harnachement des Chevaux de Huſſards.

Selle, bride, mors & bridon. LA ſelle & tous les équipages qui en dépendent, ainſi que la bride, le mors, la têtière de bride & le bridon dont les régimens de Huſſards feront uſage, ſeront façonnés à la Hongroiſe, au plus ſolide & au plus ſimple. *Durée & remplacement.* Leur durée eſt fixée à vingt ans; & le remplacement en ſera fait chaque année par vingtième au complet des hommes montés.

Schabraque. La ſchabraque ſera de peau de mouton, garnie au pourtour d'une bande de tricot feſtonnée, de la couleur affectée à la diſtinction de chaque régiment.

Couverture de laine. La couverture de laine pour ſervir ſous la ſelle, ſera de ſept pieds & demi de longueur, ſur ſix pieds & demi de largeur, & du poids de huit livres.

Durée & remplacement de la ſchabraque La durée de la ſchabraque & de la couverture, ſera de dix ans; au moyen de quoi ces deux objets ſeront remplacés chaque année par dixième au complet des hommes montés. *& de la couverture de laine.*

ARTICLE 10.

De l'Harnachement des chevaux des Officiers.

LE corps de la selle & les équipages qui en dépendent, seront, pour les Officiers, des mêmes formes que celles qui ont été réglées pour les chevaux de Hussards. Les têtières de brides, poitrails & croupières, ne seront garnis d'aucuns petits clous ou fleurons d'étain ou d'autre matière. *Selle.*

La schabraque ou équipage du cheval, continuera d'être en peau de tigre, garnie au pourtour d'une bordure de drap festonné, de la couleur affectée à chaque régiment, & bordée de petits galons d'or ou d'argent uniformes à la couleur du bouton, des largeurs ci-après. *Schabraque.*

SAVOIR:

Pour les Mestres-de-camp, Lieutenans-colonels & Majors, d'un galon de quinze lignes de largeur. *Galons distinctifs à la schabraque.*

Pour les Capitaines, d'un galon large de douze lignes.

Pour les Lieutenans en premier & en second, d'un galon large de dix lignes.

Et pour les Sous-lieutenans & Porte-étendards, d'un petit galon de six lignes.

ARTICLE 11.

De l'Armement des Hussards.

LES Adjudans, Maréchaux-des-logis, Fourriers & Trompettes, seront armés de deux pistolets & d'un sabre; & les Brigadiers, Appointés & Hussards auront en outre un mousqueton. *Adjudans, Maréchaux-de-logis, Fourriers & Trompettes armés de deux pistolets. Les Brigadiers, Appointés & Hussards, auront en outre un mousqueton.*

ARTICLE 12.

De l'Armement des Officiers.

Les Officiers armés de deux piſtolets.

INDÉPENDAMMENT du ſabre uniforme ci-devant réglé pour les Officiers, ils ſeront armés de deux piſtolets.

ARTICLE 13.

Du petit Équipement dont chaque bas Officier & Huſſard ſera pourvu.

Effets du petit équipement, les mêmes que ceux des Cavaliers & Dragons.

LES effets du petit équipement des bas Officiers & Huſſards, ſeront les mêmes que ceux dont les Cavaliers & Dragons doivent être pourvus ; à l'exception que les cols, au lieu d'être de baſin blanc, ſeront d'étoffe noire.

ARTICLE 14.

De la Tenue.

La tenue dans les Huſſards, comme celle preſcrite pour l'Infanterie.

TOUT ce qui a été preſcrit par l'*article 12 du chapitre I.er concernant l'Infanterie*, ſera exécuté avec le plus grand ſoin par les bas Officiers & Huſſards ; & les Officiers y tiendront la main avec exactitude.

Cheveux, comment retrouſſés & noués.

Les cheveux des Huſſards ſeront retrouſſés en queue, raccourcie à la longueur de deux ou trois pouces ; les cheveux des faces ſeront noués à la hongroiſe.

ARTICLE 15.

Des Étendards des régimens de Huſſards.

Étendards & banderoles de trompettes, aux frais des Meſtres-de-camp propriétaires.

LES Meſtres-de-camp propriétaires des régimens de Huſſards, feront fournir à leurs frais les Étendards & les banderoles de trompettes dont chaque Corps doit être pourvu ; la dépenſe des lances, de la monture & de l'entretien des cravattes de taffetas & des fourreaux pour la conſervation deſdits Étendards, ſera pareillement à la charge des Meſtres-de-camp propriétaires.

ARTICLE 16.

ARTICLE 16.

De l'Uniforme particulier, affecté à chaque régiment de Hussards.

COLONEL GÉNÉRAL.

PELISSE de drap écarlate; dolman de drap bleu-de-roi; paremens retrouſſis écarlate; culotte de drap bleu-de-roi; bordé & ganſes de laine jaune. *Uniforme du régiment Colonel-général.*

Surtout & gilet de drap bleu-de-roi.

Manteau de drap de même couleur.

Schako de feutre noir, doublé d'écarlate, bordé d'un galon de laine noire & garni d'un cordon de laine jaune.

Sabretache de drap écarlate, ornée du chiffre du Roi, formé avec une ganſe blanche ſur un fond jaune & bordé d'un galon de laine de même couleur.

Porte-manteau de tricot bleu, bordé d'un galon de neuf lignes, à la livrée du Colonel-général.

Schabraque de peau de mouton, bordée d'étoffe de laine écarlate feſtonnée.

Ce régiment aura en outre pour diſtinction particulière, un petit galon de cinq lignes, à l'extrémité extérieure des ganſes qui forment les boutonnières ſur la peliſſe & le dolman. *Diſtinction particulière.*

Boutons jaunes.

BERCHÉNY.

PELISSE & dolman de drap bleu-céleſte foncé; paremens retrouſſis de drap rouge-garance; culotte de drap bleu-céleſte foncé. *Uniforme du régiment de Berchény.*

Bordé & ganſes de laine ou fil blanc.

Surtout & gilet de drap bleu-céleſte foncé.

Manteau de drap vert teint.

Schako de feutre noir, doublé d'étoffe rouge, bordé d'un galon de laine noire & garni d'un cordon de fil blanc.

Sabretache de drap écarlate, ornée du chiffre du Roi, formé avec une ganſe bleu-céleſte ſur un fond blanc & bordé d'un galon de même couleur.

Porte-manteau de tricot rouge, bordé d'un galon de laine & fil blanc à grain d'orge, de neuf lignes.

Schabraque de peau de mouton, bordée d'étoffe de laine bleu-céleste festonnée.

Boutons blancs.

CHAMBORANT.

Uniforme du régiment de Chamborant.

PELISSE & dolman de drap brun-marron; paremens retroussis de drap rouge-garance; culotte de drap bleu-céleste.

Bordé & ganses de laine ou fil blanc.

Surtout & gilet de drap brun-marron.

Manteau de drap vert teint.

Schako de feutre noir, doublé d'étoffe de laine bleu-céleste, bordé de galon de laine noire & garni d'un cordon blanc.

Sabretache de drap écarlate, ornée du chiffre du Roi, formé avec une ganse bleu-céleste sur un fond blanc & bordé d'un galon de même couleur.

Porte-manteau de tricot rouge, bordé d'un galon de laine & fil brun à grain d'orge, de neuf lignes.

Schabraque de peau de mouton bordée d'étoffe de laine brun-marron festonnée.

Boutons blancs.

CONFLANS.

Uniforme du régiment de Conflans.

PELISSE & dolman de drap vert; paremens retroussis de drap rouge garance; culotte de même drap.

Bordé & ganses de laine jaune.

Surtout & gilet de drap vert teint.

Scbako de feutre noir, doublé d'étoffe de laine verte, bordé d'un galon de laine noire & garni d'un cordon blanc.

Sabretache de drap écarlate, ornée du chiffre du Roi, formé avec une ganse verte sur un fond jaune & bordé d'un galon de même couleur.

Porte-manteau de tricot vert, bordé d'un galon à la livrée de Conflans, de neuf lignes.

Schabraque de peau de mouton, bordée d'étoffe de laine verte festonnée.

Boutons jaunes.

ESTERHAZY.

Pelisse & dolman de drap gris-argentin, paremens retroussis de drap rouge-garance. *Uniforme du régiment d'Esterhazy.*

Culotte de drap gris-argentin.

Bordé & ganses de laine rouge.

Surtout & gilet de drap gris-argentin.

Manteau de drap vert teint.

Schako de feutre noir, doublé d'étoffe de laine blanche, bordé d'un galon de laine noire & garni d'un cordon de laine rouge.

Sabretache de drap écarlate, ornée du chiffre du Roi, formé avec une ganse bleu-céleste sur un fond blanc & bordé d'un galon de même couleur.

Porte-manteau de tricot rouge, bordé d'un galon de laine & fil gris-argentin, de neuf lignes.

Schabraque de peau de mouton, bordée d'étoffe de laine rouge festonnée.

Boutons blancs.

LAUZUN.

Pelisse de drap blanc; dolman de drap bleu-céleste; paremens retroussis blancs; culotte de drap bleu-céleste. *Uniforme du régiment de Lauzun.*

Bordé & ganses citron.

Surtout & gilet de drap bleu-céleste.

Manteau de drap vert teint.

Schako de feutre noir, doublé d'étoffe de laine bleu-céleste, bordé d'un galon de laine noire & garni d'un cordon de fil blanc.

Sabretache de drap écarlate, ornée du chiffre du Roi, formé avec une ganse blanche sur un fond citron & bordé d'un galon de même couleur,

Porte-manteau de tricot bleu-de-roi, bordé d'un galon à la livrée de Lauzun, de neuf lignes.

Schabraque de peau de mouton, bordée d'étoffe de laine bleu-céleste festonnée.

Boutons jaunes.

CHAPITRE VI.

RÉGIMENS DE CHASSEURS.

ARTICLE PREMIER.

De l'Habillement.

Composition de l'habillement.

L'HABILLEMENT uniforme des bas Officiers, Chasseurs à pied & Chasseurs à cheval, sera composé d'un habit de drap vert-foncé, doublé de serge ou cadis des couleurs de distinction réglées pour chaque régiment; d'une veste de drap vert-foncé, doublée de serge ou cadis blanc; & d'une culotte de drap vert semblable, doublée de toile.

Coupe & proportions de l'habit & de la veste.

L'habit & la veste seront, à l'exception que l'habit n'aura point de poches marquées en dessus, absolument semblables, quant à la forme & à la position des boutons, à ceux de l'Infanterie. Les retroussis des habits des Chasseurs à pied & des Chasseurs à cheval, seront garnis d'un cor-de-chasse en drap vert; & les épaulettes, qui seront garnies entre le dessus & la doublure, d'une plaque de tôle à côtes, seront en laine blanche, losangées de la couleur des distinctions.

Idem de la culotte des Chasseurs à pied.

La culotte des Chasseurs à pied, sera faite en pantalon, venant à quatre pouces au-dessus de la cheville; les côtés seront ouverts, à commencer de l'endroit où est ordinairement la jarretière, & se fermeront par six petits boutons.

Idem de la culotte des Chasseurs à cheval.

La culotte des Chasseurs à cheval, sera faite à la hongroise; les ouvertures, l'échancrure & les coutures de derrière, seront garnies d'une ganse plate de laine, large de quatre lignes, & de la couleur de la culotte.

Durée & remplacement des habits & des vestes des Chasseurs à pied.

La durée des habits & des vestes des Chasseurs à pied, sera de trois ans; & ils seront en conséquence remplacés chaque année par tiers au complet. Celle des habits & vestes

vestes des Chasseurs à cheval, sera de six années ; au moyen de quoi, ces deux parties d'habillement seront remplacées chaque année par sixième au complet.

Durée des habits & des vestes des Chasseurs à cheval.

La durée des culottes est fixée à deux ans, tant pour les Chasseurs à pied que pour les Chasseurs à cheval ; & le remplacement s'en fera chaque année par moitié au complet.

Idem *des culottes des Chasseurs à pied, & des Chasseurs à cheval.*

Indépendamment des parties d'habillement ci-dessus, chaque bas Officier & Chasseur à cheval, sera pourvu d'un surtout & d'un gilet de drap, tels qu'ils sont réglés pour la Cavalerie & les Dragons, par l'*article 1.er du chapitre IV* du présent Règlement.

Surtout & gilet.

Le manteau pour les Chasseurs à cheval, sera de drap vert teint en pièce, fabriqué & apprêté à deux envers ; le devant ne sera point parementé.

Manteau.

La durée des manteaux est fixée à douze ans, & ils seront remplacés chaque année par douzième au complet des hommes montés.

Durée & remplacement des manteaux.

ARTICLE 2.

De la Coiffure.

LES Chasseurs à pied & les Chasseurs à cheval, porteront pour coiffure des chapeaux à visière, coupés ronds, de trois pouces six à huit lignes de profondeur de forme, & de quatre pouces six lignes de hauteur d'aile, relevés des deux côtés avec des ganses noires qui s'attacheront à un bouton cousu sur le milieu de la forme.

Chapeau.

Ils seront bordés d'un bord de laine noire de neuf lignes de large, & garnis en temps de guerre d'une calotte de fer évidée.

Calotte de fer en temps de guerre.

Chaque compagnie de Chasseurs à pied & de Chasseurs à cheval, sera distinguée par une houppe de laine de forme ronde & aplatie, de six lignes d'épaisseur & de vingt lignes de diamètre, qui sera portée au-dessus de la cocarde. Celle de la première compagnie de Chasseurs

Houppes de différentes couleurs au chapeau, pour distinguer les compagnies.

à pied, sera écarlate; celle de la seconde, bleu-céleste; celle de la troisième, rose; & celle de la quatrième, souci. Celle de la première compagnie des Chasseurs à cheval, sera écarlate & blanc; celle de la seconde, bleu-céleste & blanc; celle de la troisième, rose & blanc; & celle de la quatrième, souci & blanc. Les Adjudans, le maître Maréchal, le maître Sellier & l'Armurier, porteront la houppe en laine blanche, comme étant attachés à l'État-major.

Durée & remplacement des chapeaux.

La durée des chapeaux est fixée à deux ans, & ils seront en conséquence remplacés par moitié chaque année au complet.

Bonnet de police.

Chaque bas Officier, Chasseur à pied & Chasseur à cheval, portera un bonnet de police, façonné à la dragonne, lequel sera fait avec les économies de la coupe de l'habillement neuf & les meilleurs morceaux des débris du vieil habillement.

ARTICLE 3.

Des Marques distinctives du grade des bas Officiers.

Adjudans, Sergens-majors, Fourriers, Sergens, Caporaux & Appointés des Chasseurs à pied.
Adjudans, Maréchaux-des-logis en chef, Fourriers, Maréchaux-des-logis, Brigadiers & Appointés des Chasseurs à cheval.

LES Adjudans, Sergens-majors, Fourriers, Sergens, Caporaux & Appointés des Chasseurs à pied, porteront les marques distinctives de leur grade, telles qu'elles sont réglées pour l'Infanterie, par l'*article 3 du Chapitre I.er*; & les Adjudans, Maréchaux-des-logis en chef, Fourriers, Maréchaux-des-logis, Brigadiers & Appointés des Chasseurs à cheval, celles réglées par l'*article 3 du chapitre IV*, concernant la Cavalerie & les Dragons.

ARTICLE 4.

De l'Habillement des Tambours & Trompettes.

Habit; couleurs distinctives.

LES Tambours & Trompettes porteront l'habit de drap bleu, avec les revers, paremens & doublures des couleurs déterminées, & les boutons réglés pour chaque régiment; les galons à la livrée du Roi, seront des mêmes largeurs, & disposés dans le même ordre que ceux qui ont été réglés pour l'Infanterie, la Cavalerie & les Dragons. *Galons.*

ARTICLE 5.

De l'Habillement des Officiers.

Habillement des Officiers, comme celui des Soldats; seules différences.

L'HABILLEMENT des Officiers de Chasseurs à pied & de Chasseurs à cheval, sera des mêmes couleurs que celui des Chasseurs, tant pour le fond que pour les distinctions de l'uniforme; il ne différera que par la qualité des draps qui seront d'Elbœuf ou des manufactures de même espèce, & par celle des boutons qui seront argentés: les Officiers porteront toutes les parties de l'habillement uniforme, dans les mêmes formes & proportions que celui des Chasseurs à pied & à cheval.

Chapeaux, cocardes & houppes.

Tous les Officiers porteront des chapeaux à visière, bordés d'un galon de soie noire de cinq lignes de largeur, sans plumes ni plumets, absolument semblables, quant à la forme, à ceux des Chasseurs, & garnis de même, au-dessus de la cocarde, d'une houppe en poil de chèvre, de la couleur affectée à leur compagnie; celle des Officiers de l'État-major sera blanche.

Manteaux.

Les manteaux des Officiers de Chasseurs, seront en drap vert; le collet sera bordé d'un galon d'argent d'un pouce de largeur; & ils seront parementés en serge de la couleur de distinction du régiment.

Comment vêtus au régiment, ou dans leur province.

Les Officiers de Chasseurs, seront tenus au surplus de porter toujours leur uniforme au régiment, & de se conformer à tout ce qui a été prescrit pour les Officiers d'Infanterie, de Cavalerie & de Dragons, tant à l'égard de la tenue, soit au régiment étant de service ou non, & eu égard au temps de l'été ou à la saison de l'hiver, soit dans leurs provinces pendant les semestres; le tout aux seules différences que les Officiers de Chasseurs auront leurs cheveux en queue & non en catogan; que *Cheveux en queue.*

Cols noirs. leurs cols seront d'étoffe noire; qu'au lieu de porter l'été des vestes & des culottes de basin blanc, ils auront des vestes & des culottes de camelot vert; que les culottes uniformes, tant en drap qu'en camelot, des Officiers des Chasseurs à pied, seront faites à la hongroise, comme les porteront les Officiers des Chasseurs à cheval, & non en pantalon; que lesdits Officiers des Chasseurs à pied, au lieu de porter, étant de service, des guêtres dans la forme établie pour les Chasseurs à pied, auront des bottes à la hongroise comme celles réglées pour les Officiers des Chasseurs à cheval; & enfin que dans aucun cas, ni les Officiers des Chasseurs à pied, ni ceux des Chasseurs à cheval, ne porteront au régiment la culotte & les bas noirs.

Culottes de camelot vert, l'été.

Bottes au lieu de guêtres, pour les Officiers des Chasseurs à pied.

ARTICLE 6.

Des Marques distinctives des grades des Officiers.

LES marques distinctives des grades des Officiers de Chasseurs à pied & à cheval, seront les mêmes que celles qui ont été réglées pour les Officiers de l'Infanterie, de la Cavalerie & des Dragons, & les dispositions prescrites à cet égard, seront exécutées, sans qu'il puisse y être apporté aucun changement.

ARTICLE 7.

De l'Équipement des bas Officiers & Chasseurs à pied.

Sabre, ceinturon, giberne, &c. semblables à ceux de l'Infanterie.

LES sabres que porteront les bas Officiers & Chasseurs à pied, les ceinturons, gibernes, porte-gibernes, bretelles de fusils & colliers de tambours, seront absolument semblables à ceux de l'Infanterie; & la durée en est également fixée à vingt ans, au moyen de quoi le remplacement en sera fait chaque année par vingtième au complet.

Durée & remplacement.

ARTICLE 8.

ARTICLE 8.

De l'Équipement des bas Officiers & Chasseurs à cheval.

LE sabre sera conforme à celui des Cavaliers & Dragons. *Sabre.*

Le ceinturon sera semblable à celui des Dragons, si ce n'est que la boucle sera fixée audit ceinturon. *Ceinturon.*

La giberne, la courroie porte-giberne & la bandoulière, seront absolument les mêmes que celles des Hussards. *Giberne, porte-giberne & bandoulière semblables à celles des Hussards.*

La durée du sabre, du ceinturon, de la giberne, de la courroie porte-giberne & de la bandoulière, est fixée à vingt ans : ces objets seront en conséquence remplacés chaque année par vingtième au complet. *Durée & remplament des effets d'équipement.*

Les bottes seront de cuir de veau fort, ou de petite vache, noirci & ciré en suif, façonnées à la hongroise; elles seront garnies d'éperons semblables à ceux des Hussards : il sera cloué au talon un petit fer pour en prolonger la durée, laquelle sera fixée à deux ans; au moyen de quoi le remplacement en sera fait chaque année par moitié au complet : le ressemelage & le remontage des bottes seront à la charge des Chasseurs. *Bottes; leur durée & remplacement.*

Les porte-manteaux seront façonnés en tricot vert, dans les mêmes formes & proportions que ceux des Hussards : la durée en est fixée à dix ans; ils seront en conséquence remplacés chaque année par dixième au complet des hommes montés. *Porte-manteaux; leur durée & remplacement.*

ARTICLE 9.

De l'Équipement de Officiers des Chasseurs à pied.

LE sabre des Officiers de Chasseurs à pied, sera *Sabre.*

conforme au modèle arrêté, qui sera envoyé à chacun des régimens de Chasseurs.

Dragonne. Le sabre sera garni d'une dragonne ou cordon mêlé de filés d'or & de soie couleur de feu, dans la forme & la proportion déterminées pour le mélange des épaulettes; le gland sera garni d'une frange conforme à celle réglée pour l'épaulette de chaque grade; & il est expressément défendu à tout Officier d'en porter une autre que celle attribuée à l'emploi qu'il exercera.

Ceinturon, giberne, &c. semblables à ceux des Officiers d'Infanterie. Les ceinturons, gibernes, porte-gibernes & bretelles de fusils, seront semblables à ceux réglés pour les Officiers d'Infanterie.

Hausse-col. Tous les Officiers de Chasseurs à pied, y compris ceux de l'État-major, porteront le hausse-col de cuivre doré, orné dans le milieu d'un médaillon en argent aux armes du Roi.

ARTICLE 10.

De l'Équipement des Officiers de Chasseurs à cheval.

Sabre. Le sabre des Officiers de Chasseurs à cheval, sera de cuivre doré, du même modèle que celui arrêté pour les Officiers de Cavalerie & de Dragons.

Dragonne. Le sabre sera garni d'une dragonne ou cordon mêlé de filés d'or & de soie couleur de feu, dans la forme & la proportion déterminées pour le mélange des épaulettes; le gland sera garni d'une frange conforme à celle réglée pour l'épaulette de chaque grade; & il est pareillement défendu à tout Officier d'en porter une autre que celle attribuée à l'emploi qu'il exercera.

Sabre qui sera porté hors de service. Lesdits Officiers de Chasseurs à cheval, porteront, lorsqu'ils ne seront point de service, le sabre réglé & arrêté pour les Officiers de Chasseurs à pied.

Ceinturon. Le ceinturon sera en buffle blanc, des mêmes largeur

& proportions qui ont été réglées pour les Chaſſeurs à cheval.

Les bottes ſeront de cuir noir, façonnées à la hongroiſe, ſemblables à celles des Chaſſeurs à cheval ; celles de peau ou de cuir de toute autre couleur ſont expreſſément défendues. *Bottes.*

ARTICLE II.

De l'Harnachement des chevaux des Chaſſeurs à cheval.

LA ſelle des Chaſſeurs à cheval & tous les équipages qui en dépendent, ainſi que la bride, le mors, la têtière de bride & le bridon, ſeront façonnés à la hongroiſe, au plus ſolide & au plus ſimple, conformément aux modèles qui en ſeront envoyés. Leur durée ſera de vingt ans ; & le remplacement en ſera fait chaque année par vingtième au complet des hommes montés. *Selle, bride, mors & bridon.* *Durée & remplacement.*

La ſchabraque ſera de peau de mouton, garnie au pourtour d'une bande de tricot feſtonnée, de la couleur des diſtinctions de chaque régiment. *Schabraque.*

Les couvertures de laine ſeront conformes à celles des Huſſards ; la durée de ces deux objets, ſera de dix ans ; au moyen de quoi ils ſeront remplacés chaque année par dixième au complet des hommes montés. *Couvertures de laine.* *Durée & remplacement de la ſchabraque & de la couverture de laine.*

ARTICLE 12.

De l'Harnachement des chevaux des Officiers de Chaſſeurs à cheval.

LA ſelle & les différentes parties & équipages qui en dépendent, ſeront, pour les Officiers, des mêmes formes que celles réglées pour les chevaux des Chaſſeurs. *Selle.*

Les ſchabraques ſeront en drap vert, garnies au pourtour d'une bordure de drap feſtonnée, de la couleur *Schabraque.*

distinctive de chaque régiment ; & bordées de petits galons d'argent des largeurs ci-après ;

SAVOIR:

Galons distinctifs.

Pour les Colonels, Lieutenans-colonels & Majors, d'un galon de quinze lignes de largeur.

Pour les Capitaines, d'un galon large de douze lignes.

Pour les Lieutenans en premier & en second, d'un galon large de dix lignes.

Et pour les Sous-lieutenans, d'un petit galon de six lignes.

ARTICLE 13.

De l'Armement des Chasseurs à pied.

Bas Officiers & Chasseurs à pied, armés d'un fusil & d'une baïonnette.

LES bas Officiers & Chasseurs à pied seront armés, indépendamment du sabre, d'un fusil & d'une baïonnette.

ARTICLE 14.

De l'Armement des Chasseurs à cheval.

Adjudans, Maréchaux-des-logis, Fourriers & Trompettes, armés de deux pistolets.

Brigadiers, Appointés & Chasseurs à cheval, armés d'une carabine & d'un pistolet.

Hache à marteau.

LES Adjudans, Maréchaux-des-logis, Fourriers & Trompettes, seront armés de deux pistolets, outre le sabre; les Brigadiers, Appointés & Chasseurs à cheval, seront armés, indépendamment du sabre, d'une carabine & d'un pistolet, en opposition duquel ils porteront à l'arçon de la selle, au lieu d'un second pistolet, une hache à marteau qui entrera dans une des fontes.

ARTICLE 15.

De l'Armement des Officiers supérieurs des régimens de Chasseurs.

Sabre que porteront, sous les armes, le Colonel-commandant & le Colonel en second, suivant qu'ils commanderont des Chasseurs à pied ou des Chasseurs à cheval.

LE Colonel-commandant & le Colonel en second, sous les armes, porteront le sabre réglé pour les Officiers de Chasseurs à pied, lorsqu'ils ne commanderont que des Chasseurs à pied ; & celui réglé pour les Officiers de Chasseurs à cheval, lorsqu'ils ne commanderont que des

des Chaſſeurs à cheval. Lorſqu'ils commanderont des uns & des autres, ils auront le ſabre des Chaſſeurs à pied, ſi ceux-ci ſe trouvent en plus grand nombre; ou celui des Chaſſeurs à cheval, s'il y en a plus que de Chaſſeurs à pied.

ARTICLE 16.

De l'Armement des Officiers de Chaſſeurs à pied.

LES Officiers de Chaſſeurs à pied, feront armés d'un fuſil & d'une baïonnette, en outre du ſabre qui leur a été ci-devant réglé. Le Lieutenant-colonel & le Major n'auront que le ſabre.

Les Officiers des Chaſſeurs à pied, armés d'un fuſil & d'une baïonnette.

ARTICLE 17.

De l'Armement des Officiers de Chaſſeurs à cheval.

LES Officiers de Chaſſeurs à cheval, feront armés de deux piſtolets, indépendamment du ſabre qui leur a été ci-devant réglé.

Les Officiers des Chaſſeurs à cheval, armés de deux piſtolets.

ARTICLE 18.

Du petit Équipement dont chaque bas Officier & Chaſſeur à pied ſera pourvu.

LES effets de petit équipement des bas Officiers & Chaſſeurs à pied, feront les mêmes que ceux dont les Soldats de l'Infanterie devront être pourvus, à l'exception que les cols, au lieu d'être de baſin blanc, feront d'étamine noire.

Effets de petit équipement, les mêmes que ceux des Soldats de l'Infanterie.

Les bas Officiers & Chaſſeurs à pied, feront pourvus de deux paires de guêtres ſeulement, l'une d'étoffe de laine noire pour l'hiver, & l'autre en toile noircie:

Guêtres; leur forme.

lesquelles guêtres ne monteront qu'à la moitié du mollet, comme les bottes à la hussarde, auxquelles elles ressembleront pour la coupe & la forme supérieure : elles seront ouvertes sur le côté à l'ordinaire, se fermeront par dix petits boutons, & il y aura en haut une onzième boutonnière pour arrêter la guêtre à l'un des boutons du pantalon.

ARTICLE 19.

Du petit Équipement dont chaque bas Officier & Chasseur à cheval sera pourvu.

Effets du petit équipement, les mêmes que ceux des Hussards.

LES effets du petit équipement des bas Officiers & Chasseurs à cheval, seront les mêmes que ceux dont les Hussards devront être pourvus.

ARTICLE 20.

De la Tenue.

Tenue, comme celle prescrite pour l'Infanterie.

TOUT ce qui a été prescrit par l'*article 12 du chapitre I.er*, concernant l'Infanterie, sera exécuté avec le plus grand soin, par les bas Officiers & Chasseurs à pied & Chasseurs à cheval, & les Officiers y tiendront la main avec exactitude.

Cheveux ; comment liés & arrangés.

Les cheveux des bas Officiers & Chasseurs à pied & à cheval, seront liés en queue, couverte d'un ruban de laine noire, & garnie d'une rosette de cuir ; ceux des faces seront coupés de la manière dite, *à l'avant-garde*.

ARTICLE 21.

Des Ornemens des Trompettes.

Banderoles de trompettes, supprimées.

LES banderoles de Trompettes seront supprimées, & il ne sera plus fourni à l'avenir que des cordons garnis de glands pour orner les trompettes, lesquels cordons & glands serviront au moins l'espace de vingt ans.

Cordons & glands, leur durée.

ARTICLE 22.

De l'Uniforme particulier affecté à chaque régiment de Chasseurs.

SAVOIR:

BOUTONS	Timbrés d'un cor-de-chasse, & des N.os	*RÉGIMENS.*	*DISTINCTIONS.*	*COULEURS.*	*DISTINCTIONS PARTICULIÈRES.*
Blancs. .	1.	DES ALPES......	Revers & paremens.	*Écarlate*.....	L'habit dans tous les régimens des Chasseurs à cheval, sera garni sur l'épaule gauche, d'une épaulette fond blanc, losangée de la couleur des distinctions; celle du sixième régiment, le sera en vert foncé.
	2.	DES PYRÉNÉES...	Revers & paremens.	*Cramoisi*.....	
	3.	DES VÔGES.....	Revers & paremens.	*Jaune*.......	
	4.	DES SEVENNES..	Revers & paremens.	*Chamois*.....	
	5.	DU GÉVAUDAN..	Revers & paremens.	*Aurore*......	
	6.	DES ARDENNES..	Revers & paremens.	*Blanc*.......	

CHAPITRE VII.

Des Objets dont le payement est à la charge des différentes masses de tous les Corps.

ARTICLE PREMIER.

Objets à la charge de la masse de l'Habillement, dans l'Infanterie & les Chasseurs à pied.

DANS les régimens d'Infanterie rançoise & étrangère, dans ceux d'Artillerie, dans les compagnies de Mineurs & d'Ouvriers, & dans les bataillons de Chasseurs à pied, la masse de l'habillement sera chargée de la fourniture des habits, vestes, culottes, chapeaux, gibernes, porte-gibernes, bretelles de fusils, ceinturons, sabres, caisses & colliers de Tambours; & du payement des façons de l'habillement.

ARTICLE 2.

Objets à la charge de la masse de l'Habillement, dans les Troupes à cheval.

DANS les régimens de Cavalerie, de Hussards, de Dragons & de Chasseurs, la masse de l'habillement sera chargée de la fourniture des habits, pelisses, vestes, dolmans, culottes, surtouts, chapeaux, casques, schakos, écharpes de laine, sabretaches, manteaux, porte-manteaux, housses & chaperons, schabraques, selles, couvertures de laine pour les Hussards & Chasseurs seulement; bottes, gibernes, porte-gibernes, bretelles de mousquetons & de fusils, bandoulieres, ceinturons, sabres, caisses & colliers de tambours; & du payement des façons de l'habillement, ainsi que des Quatre livres par an pour l'entretien des culottes de peau.

ARTICLE 3.

Objets à la charge du restant de la masse générale, dans l'Infanterie & les Chasseurs à pied.

LE restant de la masse générale, sera chargé, dans les régimens d'Infanterie françoise & étrangère, dans ceux d'Artillerie, dans les compagnies de Mineurs & d'Ouvriers, & dans les bataillons de Chasseurs à pied, de la réparation des armes; du remplacement des lames de sabres, de celui des fourreaux de sabres & de baïonnettes; du payement des doublures employées à réparer l'habillement; de la main-d'œuvre des Ouvriers qui l'auront raccommodé; de la façon & menues fournitures des bonnets de police; de la réparation des chapeaux; de celle de l'équipement & des caisses de tambours.

ARTICLE 4.

Objets à la charge du restant de la masse générale dans les Troupes à cheval.

LA même masse générale, dans les régimens de Troupes à cheval, sera chargée de la réparation des armes; du remplacement des trompettes; de celui des lames de sabres, fourreaux de sabres & de baïonnettes des Dragons & Chasseurs; du payement des doublures employées à réparer l'habillement; de la main-d'œuvre des Ouvriers qui l'auront raccommodé; de la façon & menues fournitures des bonnets de police & gilets; de

la

la réparation des chapeaux, des casques, de l'équipement & de celle des housses & porte-manteaux; de la fourniture & entretien des plastrons de toile dans la Cavalerie; du ressemelage & du remontage des bottes; du remplacement des mors de brides; du rétamage & des menues réparations qui y seront nécessaires; du remplacement & des réparations des têtières de brides & de licous; des rênes & filets, panneaux de selles, coussinets, siéges, arçons, quartiers, contre-sanglons, poitrails, fontes, troussequins, croupières, bottes pour porter le mousqueton & le fusil, étrivières & courroies de toutes espèces.

ARTICLE 5.

Objets à la charge de la masse du linge & chaussure, dans l'Infanterie & les Chasseurs à pied.

LA masse du linge & chaussure, dans les régimens d'Infanterie françoise & étrangère, dans ceux d'Artillerie, dans les compagnies de Mineurs & d'Ouvriers, & dans les bataillons de Chasseurs à pied, sera chargée de la fourniture & de l'entretien des chemises, des cols & cocardes de basin blanc, des mouchoirs, des guêtres de toile blanche, de toile noircie & d'étoffe de laine noire; des bas & des souliers, des havresacs de peau de veau à poil; de la fourniture des cuirs noircis pour attacher les cheveux; des boucles de cols, de souliers & de jarretières; des sacs à poudre, des peignes, des brosses, de la poudre pour les cheveux, de la terre de pipe pour blanchir l'équipement, & de la cire pour les gibernes.

ARTICLE 6.

Objets à la charge de la masse du linge & chaussure dans les Troupes à cheval.

DANS les régimens de Troupes à cheval, la même

maſſe du linge & chauſſure, à laquelle ſera réuni le produit de la vente des fumiers, ſera chargée de la fourniture & entretien des chemiſes, des cols & cocardes de baſin blanc, des mouchoirs, des guêtres noires, des manchettes de bottes de toile blanche, des bas & des ſouliers; de la fourniture des rubans pour les cheveux; des boucles de cols, de ſouliers & de jarretières; des ſacs à poudre, des peignes, des broſſes, de la poudre ponr les cheveux, de la terre de pipe pour blanchir l'équipement & de la cire pour les gibernes; du remplacement & entretien des gants, des cordons de ſabre, des éperons, des ſangles & ſurfaix, des couvertures & bridons d'abreuvoirs, des longes, des licols, des cordes à fourrages, des ſacs à avoine, des broſſes, des étrilles, des peignes, des éponges & des ciſeaux, & de la fourniture des balais, pelles, fourches, lampes, chandelles & fallots néceſſaires pour les écuries.

CHAPITRE VIII.

Des Fournitures & Rembourſemens.

LA durée de chaque partie d'habillement, d'équipement & d'harnachement; & les quotités des remplacemens à en faire en conſéquence, ayant été fixés par chacun des articles concernant ces objets: Sa Majeſté, après avoir fait connoître, par les articles *1 & 2 du chapitre précédent,* tous ceux deſdits objets qui ſeront à la charge de la maſſe de l'habillement, a réglé les eſpèces & quantités de marchandiſes qu'Elle fera fournir pour l'habillement & les parties d'équipement & d'harnachement, de la confection deſquelles les régimens ſeront chargés; ainſi que les rembourſemens qu'Elle leur fera faire pour le prix des façons, pour les ſelles & pour les bottes; le tout ainſi qu'il ſuit:

ARTICLE PREMIER.

DÉTAIL DES QUANTITÉS de chaque espèce de Fournitures nécessaires à la confection des parties d'Habillement ci-après, & prix des façons.

HABIT.

1 aun. $\frac{7}{16}$ DE DRAP de $\frac{4}{4}$ pour habit.

″ .... $\frac{1}{12}$ *Idem* pour les revers, lorsqu'ils sont de la même couleur que l'habit.

″ .... $\frac{3}{64}$ *Idem* pour les paremens, lorsqu'ils sont de la même couleur que l'habit.

Pour les Régimens qui ont les revers & paremens de couleur.

″ .... $\frac{5}{24}$ DE DRAP DE COULEUR pour paremens & revers de l'habit, ainsi que pour les paremens & collet de la veste, liserés, fleurs-de-lys, grenades & cors-de-chasse.

Pour les Régimens qui n'ont que les revers ou paremens de couleur.

″ .... $\frac{7}{48}$ DE DRAP DE COULEUR pour revers de l'habit & collet de la veste, liserés, fleurs-de-lys, grenades & cors-de-chasse.

″ ... $\frac{25}{192}$ DE DRAP DE COULEUR pour paremens de l'habit & de la veste, liserés, fleurs-de-lys, grenades & cors-de-chasse.

Pour les Régimens qui ont les revers, paremens & collet de couleur.

″ .... $\frac{7}{32}$ DE DRAP DE COULEUR pour paremens, revers & collet de l'habit, ainsi que pour les paremens & collet de la veste, liserés, fleurs-de-lys, grenades & cors-de-chasse.

″ .... $\frac{1}{64}$ DE DRAP DE COULEUR pour collet.

Pour les Régimens qui n'ont que le retroussis de couleur.

″ .... $\frac{1}{16}$ DE DRAP DE COULEUR pour liserés.

Pour les Régimens qui ont les revers & paremens en panne noire, ou seulement les revers ou les paremens.

″ .... $\frac{5}{64}$ DE DRAP NOIR pour paremens & collet de la veste, liserés, fleurs-de-lys & cors-de-chasse de l'habit.

″ .... $\frac{1}{16}$ DE DRAP NOIR pour collet de la veste, liserés, fleurs-de-lys, grenades & cors-de-chasse de l'habit.

″ .... $\frac{1}{12}$ DE DRAP NOIR pour paremens de la veste, liserés, fleurs-de-lys, grenades, & cors-de-chasse de l'habit.

″ .... $\frac{5}{24}$ DE PANNE pour revers.

″ .... $\frac{1}{6}$ DE PANNE pour paremens.

″ .... $\frac{1}{64}$ DE DRAP ÉCARLATE pour épaulettes de l'habit de Grenadier.

″ .... $\frac{1}{64}$ DE DRAP VERT pour épaulettes de l'habit de Chasseur.

1 aun. $\frac{1}{4}$ DE CADIS BLANC pour doublure de l'habit, non compris les manches.

1 ... ″ DE CADIS BLANC pour doublure de l'habit, non compris les manches, basques & retroussis.

″ .... $\frac{1}{4}$ DE CADIS DE COULEUR pour doublure des basques & retroussis.

″ .... $\frac{3}{4}$ DE TOILE de $\frac{7}{8}$ p.r doublure des manches, poches & droits-fils de l'habit.

.. 11 GROS BOUTONS.

1 douz. 10 PETITS BOUTONS.

VESTE.

1 aun. ″ DE DRAP BLANC de $\frac{4}{4}$,

ou

1 .... $\frac{3}{4}$ DE TRICOT BLANC de $\frac{7}{12}$.

2 .... $\frac{1}{8}$ DE CADIS BLANC de $\frac{5}{12}$ pour doublure, y compris les manches,

ou

1 ... $\frac{3}{16}$ DE TOILE de $\frac{7}{8}$ pour *idem*.

″ .... $\frac{1}{4}$ DE TOILE de $\frac{7}{8}$ p.r doublure des devants de basques, poches & droits-fils.

1 douz. DE PETITS BOUTONS.

CULOTTE.

1 au. $\frac{1}{8}$ DE TRICOT de $\frac{7}{12}$.

″ ... $\frac{11}{12}$ DE TOILE ÉCRUE de $\frac{7}{8}$.

DISTINCTIONS DES GRADES.

ADJUDANT.

UNE ÉPAULETTE ET UNE CONTRE-ÉPAULETTE telles qu'elles sont désignées par *les articles 3 & 10 du Chapitre premier* du présent Réglement.

SERGENT-MAJOR.

″ au. $\frac{7}{8}$ DE GALON D'ARGENT de 10 lignes.

FOURRIER.

″ au. $\frac{7}{8}$ DE GALON D'ARGENT de 10 lignes.

SERGENT.

″ au. $\frac{7}{16}$ DE GALON D'ARGENT de 10 lignes.

CAPORAL.

″ au. $\frac{7}{8}$ DE GALON de 10 lignes en fil blanc, sur les habits bleus & rouges; & en laine bleue, sur les habits blancs.

″ .... $\frac{7}{8}$ DE GALON de 5 lignes en laine bleue pour les vestes.

Suite des DISTINCTIONS.

APPOINTÉ.

″ au. $\frac{7}{16}$ DE GALON de 10 lignes en fil blanc, sur les habits bleus & rouges; & en laine bleue, sur les habits blancs.

″ ... $\frac{7}{16}$ DE GALON de 5 lignes en laine bleue pour les vestes.

SOLDAT GENTILHOMME.

″ au. $\frac{1}{4}$ DE GALON de 15 lignes d'or ou d'argent, suivant la couleur du bouton.

CHARPENTIER.

″ au. $\frac{7}{8}$ DE GALON de fil blanc ou de galon de laine bleue de 5 lignes.

″ .... $\frac{3}{8}$ DE GALON de 10 lignes en fil blanc ou en laine bleue.

MUSICIEN.

″ au. $\frac{2}{3}$ DE GALON D'ARGENT de 10 lignes.

TAMBOUR-MAJOR.

1 au. $\frac{1}{3}$ DE GALON D'ARGENT de 10 lignes.

4 ... ″ DE GALON DE LIVRÉE de 18 lignes.

12 ... ″ DE GALON DE LIVRÉE de 9 lignes.

TAMBOUR.

5 au. ″ DE GALON DE LIVRÉE de 18 lignes.

11 .. ″ DE GALON DE LIVRÉE de 9 lignes.

HOMME RENGAGÉ.

″ .... $\frac{1}{4}$ DE GALON de laine bleue ou de fil blanc de 10 lig. pour un chevron de l'habit.

″ .... $\frac{1}{4}$ DE GALON de 5 lig. pour un chevron de la veste.

PRIX DES FAÇONS ET MENUES FOURNITURES.

Habit de bas Officier & Soldat	1tt	16f	″
Habit de Tambour	2.	10.	″
Veste	″	16.	″
Culotte	″	11.	″

CORPS-ROYAL DE L'ARTILLERIE.

ARTICLE DEUXIÈME.

DÉTAIL DES QUANTITÉS de chaque espèce d[e] Fournitures nécessaires à la confection des parti[es] d'Habillement ci-après; & prix des façons:

SAVOIR;

HABIT.

1 aune $\frac{7}{12}$ DE DRAP bleu-de-roi de $\frac{4}{4}$ pour habit.

" . . . $\frac{1}{12}$ *Idem* pour les revers.

" . . . $\frac{3}{32}$ DE DRAP ÉCARLATE pour paremens & liférés.

" . . . $\frac{5}{24}$ DE DRAP ÉCARLATE pour revers, paremens & liférés de l'habit, & pour les paremens de la veste des ouvriers.

2 . . . . ÉPAULETTES EN LAINE AURORE.

3 aune $\frac{1}{2}$ DE CADIS ROUGE de $\frac{5}{12}$ de large pour doublure de l'habit, y compris les manches.

" . . . $\frac{1}{2}$ DE TOILE ECRUE de $\frac{7}{8}$ pour poches & droits-fils.

" douz. 11. GROS BOUTONS.

1 . . . 10. PETITS BOUTONS.

VESTE.

1 aune " DE DRAP bleu-de-roi de $\frac{4}{4}$.

2 . . . $\frac{1}{2}$ DE CADIS BLANC de $\frac{5}{12}$ pour doublure, y compris les manches & les devants des basques.

" . . . $\frac{1}{2}$ DE TOILE de $\frac{7}{8}$ pour poches & droits-fils.

1 douz. " DE PETITS BOUTONS.

CULOTTE.

1 aune $\frac{9}{16}$ DE TRICOT BLEU de $\frac{7}{12}$.

" . . . $\frac{11}{12}$ DE TOILE ÉCRUE de $\frac{7}{8}$.

DISTINCTIONS DES GRADES.

SERGENT-MAJOR.

" aune $\frac{7}{8}$ DE GALON D'OR de 10 lignes.

FOURRIER.

" . . . $\frac{7}{8}$ DE GALON D'OR de 10 lignes.

Suite des DISTINCTIONS DES GRADES.

SERGENT.

" aune $\frac{7}{16}$ DE GALON D'OR de 10 lignes.

CAPORAL.

" aune $\frac{7}{8}$ DE GALON de laine aurore de 10 lignes pour l'habit.

" . . . $\frac{7}{8}$ *Idem* de 5 lig. pour la veste.

APPOINTÉ.

" . . . $\frac{7}{16}$ DE GALON de laine aurore de 10 lignes pour l'habit.

" . . . $\frac{7}{16}$ *Idem* de 5 lig. pour la veste.

SOLDAT ou OUVRIER DE 1.re & 2.e CLASSE.

" . . . $\frac{1}{4}$ DE GALON de laine aurore de 5 lignes pour chaque chevron de l'habit.

" . . . $\frac{1}{4}$ *Idem* de 5 lig. pour chacun de ceux de la veste.

HOMME RENGAGÉ.

" . . . $\frac{1}{4}$ DE GALON de laine rouge de 10 lignes pour chaque chevron de l'habit.

" . . . $\frac{1}{4}$ DE GALON de même couleur de 5 lig. pour la veste.

TAMBOUR-MAJOR.

4 aunes " DE GALON de livrée de 18 lignes.

12 . . . " *Idem* de 9 lignes.

1 . . . $\frac{1}{4}$ DE GALON D'OR de 10 lig.

TAMBOUR.

5 aunes " DE GALON de livrée de 18 lignes.

11 . . . " DE GALON de livrée de 9 lignes.

PRIX DES FAÇONS ET MENUES FOURNITURES.

Habit de bas Officier & Soldat	1#	16s	"
Habit de Tambour	2.	10.	"
Veste	"	16.	"
Culotte	"	11.	"

CAVALERIE.

ARTICLE TROISIÈME.

DÉTAIL des QUANTITÉS de chaque espèce de ~~Fournitures nécessaires~~ à la confection des parties d'Habillement & d'Équipement ci-après; prix des façons, & ceux des Selles & des Bottes :

SAVOIR;

HABIT.

1 aune $\frac{1}{4}$ DE DRAP de $\frac{4}{4}$ bleu naturel.
〃 ... $\frac{1}{12}$ *Idem* pour les revers, lorsqu'ils sont de la couleur de l'habit.
〃 ... $\frac{3}{64}$ *Idem* pour les paremens lorsqu'ils sont de la couleur de l'habit.
〃 ... $\frac{1}{6}$ DE DRAP de couleur pour revers, paremens & liserés.
〃 ... $\frac{1}{8}$ *Idem* pour revers & liserés.
〃 ... $\frac{3}{32}$ *Idem* pour paremens & liserés.
〃 ... $\frac{1}{64}$ *Idem* pour le collet.
2 ... $\frac{3}{4}$ DE CADIS de $\frac{5}{12}$ pour doublure de l'habit.
〃 ... $\frac{1}{4}$ DE TOILE ÉCRUE de $\frac{7}{8}$ pour doublure des manches, poches & droits-fils.
〃 douz. 11. GROS BOUTONS.
1 douz. 10. PETITS BOUTONS.

VESTE.

1 aune 〃 DE DRAP BLANC de $\frac{4}{4}$.
2 aunes $\frac{1}{8}$ DE CADIS BLANC pour doublure, y compris celle des manches.
〃 ... $\frac{1}{4}$ DE TOILE ÉCRUE de $\frac{7}{8}$ pour doublure des devants des basques, poches & droits-fils.
1 douz. 〃 DE PETITS BOUTONS.

SURTOUT.

1 aune $\frac{11}{24}$ DE DRAP de $\frac{4}{4}$ bleu naturel.
1 ... $\frac{1}{3}$ DE TOILE de $\frac{7}{8}$ pour doublure, poches & droits-fils.
〃 douz. 8. GROS BOUTONS.
〃 ... 2. PETITS BOUTONS.

GILET.

〃 aun. $\frac{11}{12}$ DE DRAP de $\frac{4}{4}$ bleu naturel.
〃 ... $\frac{1}{20}$ DE TOILE de $\frac{7}{8}$ pour droits-fils.
1 douz. 〃 DE PETITS BOUTONS.

MANTEAU.

4 aunes DE DRAP BLANC de $\frac{4}{4}$ piqué de bleu.
1 ... $\frac{1}{4}$ DE CADIS de la couleur des distinctions pour les parementer.
Six Brandebourgs en laine.

HOUSSE & CHAPERONS.

〃 aune $\frac{1}{3}$ DE DRAP teint de $\frac{4}{4}$.
〃 ... $\frac{1}{2}$ DE TOILE de $\frac{4}{4}$ pour doublure.
3 ... $\frac{1}{2}$ DE GALON de 18 lignes.

PORTE-MANTEAU.

1 aune $\frac{1}{8}$ DE TRICOT de $\frac{7}{12}$.
1 ... $\frac{11}{24}$ DE TREILLIS de $\frac{3}{4}$ pour besace & doublure.
2 ... $\frac{1}{2}$ DE GALON de 9 lignes.

DISTINCTIONS DES GRADES.

ADJUDANS.

UNE ÉPAULETTE ET UNE CONTRE-ÉPAULETTE, telles qu'elles sont désignées par les *articles 3 & 12 du Chapitre IV* du présent Règlement.

MARÉCHAL-DES-LOGIS en Chef.

〃 aune $\frac{7}{8}$ DE GALON D'ARGENT de 10 lignes.

FOURRIER.

〃 ... $\frac{7}{8}$ DE GALON D'ARGENT de 10 lignes.

MARÉCHAL-DES-LOGIS, MAÎTRE MARÉCHAL, MAÎTRE SELLIER.

〃 ... $\frac{7}{16}$ DE GALON D'ARGENT de 10 lignes.

BRIGADIER.

〃 aune $\frac{7}{8}$ DE GALON de fil blanc de 10 lignes.

APPOINTÉ.

〃 aune $\frac{7}{16}$ DE GALON de fil blanc de 10 lignes.

CAVALIER GENTILHOMME.

〃 aune $\frac{1}{4}$ DE GALON de 15 lignes d'or ou d'argent, suivant la couleur du bouton.

Suite des *DISTINCTIONS DES GRADES.*

MARÉCHAL-FERRANT.

〃 aune $\frac{1}{2}$ DE GALON de fil blanc de 10 lignes.

TROMPETTE.

5 aunes 〃 DE GALON de livrée de 18 lignes.
11 ... 〃 DIT de 9 lignes.

HOMME RENGAGÉ.

〃 aune $\frac{1}{4}$ DE GALON de fil blanc de 10 lignes pour chaque chevron.

PRIX DES FAÇONS ET MENUES FOURNITURES.

Habit de bas Officier & Cavalier	1ᵗᵗ	16ˢ	〃
Habit de Trompette	2.	10.	〃
Veste	〃	16.	〃
Surtout	1.	4.	〃
Gilet	〃	12.	〃
Manteau	〃	18.	〃
Porte-manteau & besace	3.	〃	〃
Housse & Chaperons	2.	5.	〃

PRIX DES SELLES ET DES BOTTES.

Selles complètes	50ᵗᵗ	〃	〃
Bottes	16.	〃	〃

HUSSARDS.

ARTICLE QUATRIÈME.

DÉTAIL DES QUANTITÉS *de chaque espèce de Fournitures nécessaires à la confection des parties d'Habillement & d'Équipement ci-après ; prix des façons & ceux des Selles & des Bottes :*

SAVOIR ;

PELISSE.

1 aune ⅛ DE DRAP de $\frac{4}{4}$ pour le dessus de la Pelisse.
" . . . ¼ DE TOILE de ⅞ pour poches & droits-fils.
10 . . . " DE GROSSES GANSES CARRÉES, en fil ou en laine pour 36 agrémens ou boutonnières.
6 . . . ¾ DE GANSE PLATE de 4 lignes pour border & recouvrir les coutures de la Pelisse.
UN CORDON FORT, avec bouton en olive.
1 douz. ½ DE GROS BOUTONS RONDS.
3 . . . " DE PETITS BOUTONS DEMI-RONDS.
UNE FOURRURE de peau de mouton blanc.

DOLMAN.

1 aune " DE DRAP de $\frac{4}{4}$ pour le dessus du dolman.
" . . . $\frac{1}{40}$ DE DRAP *Idem* pour paremens-retroussis.
" . . . ¾ DE TOILE de ⅞ pour doublure, poches & droits-fils.
9 . . . ¼ DE GROSSES GANSES CARRÉES, en fil ou en laine, pour 36 agrémens ou boutonnières.
6 . . . ¾ DE GANSES PLATES de 4 lignes pour border & recouvrir les coutures du Dolman.
1 . . . ⅛ DE PEAU ROUGE de 6 pouces de largeur pour border le dolman au pourtour.
1 douz. ½ MOYENS BOUTONS RONDS.
3 . . . " DE PETITS BOUTONS DEMI-RONDS.

CULOTTE.

" aune ¾ DE DRAP de $\frac{4}{4}$.
" . . . $\frac{15}{16}$ DE TOILE DE ⅞ pour doublure.
3 . . . " DE GANSE PLATE de 4 lignes, pour recouvrir les coutures de la culotte.

SURTOUT.

1 aune $\frac{5}{12}$ DE DRAP de $\frac{4}{4}$.
1 . . . ⅓ DE TOILE de ⅞ pour doublure, poches & droits-fils.
" douz. 8 GROS BOUTONS.
" . . . 2 PETITS BOUTONS.

GILET.

" aune $\frac{11}{12}$ DE DRAP de $\frac{4}{4}$.
" . . . $\frac{1}{20}$ DE TOILE de ⅞ pour droits-fils.
1 douz. " DE PETITS BOUTONS.

MANTEAU.

3 au. ¼ DE DRAP de $\frac{4}{4}$, apprêté à deux envers pour manteau & capuchon.

PORTE-MANTEAU.

" . . . ½ DE TRICOT de $\frac{7}{12}$.
" . . $\frac{7}{12}$ DE TREILLIS de ¼.
1 . . . ⅚ DE GALON de 9 lignes.

HABIT DE TROMPETTE.

1 au. ½ DE DRAP de $\frac{4}{4}$.
" . . $\frac{1}{12}$ DE DRAP de $\frac{4}{4}$ pour paremens.
2 . . . ¾ DE CADIS pour doublure.
" . . . ¾ DE TOILE de ⅞ pour doublure des manches, poches & droits-fils.
1 douz. 10 DE GROS BOUTONS plats & unis.
6 au. ½ DE GALON de livrée de 18 lignes pour agrémens.
10 . . ½ DE GALON de livrée de 9 lignes pour bordé.

VESTE DE TROMPETTE.

" . . $\frac{11}{12}$ DE DRAP de $\frac{4}{4}$.
" . . $\frac{11}{12}$ DE TOILE ÉGRUE de ⅞.
1 dou. " DE PETITS BOUTONS plats unis.

DISTINCTIONS DES GRADES.

ADJUDANT.

3 au. " DE GALON d'or ou d'argent de 10 lignes.

MARÉCHAL-DES-LOGIS *en chef.*

2 au. " DE GALON d'or ou d'argent de 10 lignes.

FOURRIER.

1 au. " DE GALON d'or ou d'argent de 10 lignes.

Suite des *DISTINCTIONS.*

MARÉCHAL-DES-LOGIS. MAITRE MARÉCHAL. MAITRE SELLIER.

1 au. " DE GALON d'or ou d'argent de 10 lignes.

BRIGADIER.

2 au. " DE GALON de laine jaune ou de fil blanc de 10 lignes.

APPOINTÉ.

1 au. " DE GALON de laine jaune ou de fil blanc de 10 lignes.

HUSSARD-GENTILHOMME.

" au. ½ DE GALON de 15 lignes d'or ou d'argent, suivant la couleur du bouton.

MARÉCHAL-FERRANT.

1 au. " DE GALON de laine jaune ou de fil blanc de 10 lignes.

HOMME RENGAGÉ.

" au. ¼ DE GALON de laine jaune ou de fil blanc de 10 lignes pour chaque chevron.

PRIX DES FAÇONS ET MENUES FOURNITURES.

Pelisse de bas Officiers & Hussards	3ᵗᵗ	5ˢ	"
Dolman	2.	"	"
Culotte	"	15.	"
Habit de Trompette . . .	2.	10.	"
Veste de Trompette . . .	"	16.	"
Manteau	"	18.	"
Porte-manteau	"	8.	"
Surtout	1.	4.	"
Gilet	"	12.	"

PRIX DES SELLES ET DES BOTTES.

Selles complètes	32.	"ˢ	"
Bottes	9.	10.	"

DRAGONS.

ARTICLE CINQUIÈME.

DÉTAIL DES QUANTITÉS de chaque espèce de Fournitures nécessaires à la confection des parties d'Habillement & d'Équipement ci-après ; prix des façons, & ceux des Selles & des Bottes :

SAVOIR;

HABIT.

1 aune $\frac{17}{24}$ DE DRAP de $\frac{4}{4}$ vert naturel.
" ... $\frac{1}{12}$ *Idem* pour les revers, lorsqu'ils sont de la même couleur que l'habit.
" ... $\frac{7}{64}$ *Idem* pour les paremens lorsqu'ils sont de la même couleur que l'habit.
" ... $\frac{1}{6}$ DE DRAP de couleur pour revers, paremens & liserés.
" ... $\frac{1}{8}$ *Idem* pour revers & liserés.
" ... $\frac{3}{32}$ *Idem* pour paremens & liserés.
" ... $\frac{1}{64}$ *Idem* pour le collet.
" ... $\frac{3}{4}$ DE CADIS de $\frac{5}{12}$ pour doublure de l'habit.
" ... $\frac{3}{4}$ DE TOILE ÉCRUE de $\frac{7}{8}$ pour doublure des manches, poches & droits-fils.
douz. 11. GROS BOUTONS.
douz. 10. PETITS BOUTONS.

VESTE.

aune " DE DRAP BLANC de $\frac{4}{4}$.
aunes $\frac{1}{8}$ DE CADIS BLANC pour doublure, y compris celle des manches.
" ... $\frac{1}{4}$ DE TOILE ÉCRUE de $\frac{7}{8}$ pour doublure des devants des basques, poches & droits-fils.
douz. " DE PETITS BOUTONS.

SURTOUT.

aune $\frac{5}{12}$ DE DRAP de $\frac{4}{4}$ vert naturel.
... $\frac{1}{3}$ DE TOILE de $\frac{7}{8}$ pour doublure, poches & droits-fils.
douz. 8. GROS BOUTONS.
... 2. PETITS BOUTONS.

GILET.

aun. $\frac{11}{12}$ DE DRAP de $\frac{4}{4}$ vert naturel.
... $\frac{1}{20}$ DE TOILE de $\frac{7}{8}$ pour droits-fils.
douz. " DE PETITS BOUTONS.

MANTEAU.

aunes $\frac{1}{3}$ DE DRAP BLANC de $\frac{4}{4}$ piqué de bleu, y compris le capuchon.
... $\frac{1}{4}$ DE CADIS de la couleur des distinctions.
x Brandebourgs en laine.

HOUSSE & CHAPERONS.

" aune $\frac{1}{2}$ DE DRAP teint de $\frac{4}{4}$.
" .... $\frac{1}{2}$ DE TOILE de $\frac{4}{4}$.
2 .... $\frac{1}{4}$ DE GALON de 18 lignes.

PORTE-MANTEAU.

1 aune $\frac{1}{8}$ DE TRICOT de $\frac{7}{12}$.
1 ... $\frac{11}{24}$ DE TREILLIS de $\frac{3}{4}$ pour besace & doublure.
2 ... $\frac{1}{2}$ DE GALON de 9 lignes.

DISTINCTIONS DES GRADES.

ADJUDANS.

UNE ÉPAULETTE ET UNE CONTRE-ÉPAULETTE, telles qu'elles sont désignées par les *articles 3 & 12 du Chapitre IV* du présent Réglement.

MARÉCHAL-DES-LOGIS en Chef.

" aune $\frac{7}{8}$ DE GALON D'ARGENT de 10 lignes.

FOURRIER.

" .... $\frac{7}{8}$ DE GALON D'ARGENT de 10 lignes.

MARÉCHAL-DES-LOGIS, MAÎTRE MARÉCHAL, MAÎTRE SELLIER.

" ... $\frac{7}{16}$ DE GALON D'ARGENT de 10 lignes.

BRIGADIER.

" aune $\frac{7}{8}$ DE GALON de fil blanc de 10 lignes.

APPOINTÉ.

" aune $\frac{7}{16}$ DE GALON de fil blanc de 10 lignes.

DRAGON GENTILHOMME.

" aune $\frac{1}{4}$ DE GALON de 15 lignes d'or ou d'argent, suivant la couleur du bouton.

Suite des DISTINCTIONS DES GRADES.

MARÉCHAL-FERRANT.

" aune $\frac{1}{2}$ DE GALON de fil blanc de 10 lignes.

TROMPETTE OU TAMBOUR.

5 aunes " DE GALON de livrée de 18 lignes.
11 ... " DIT de 9 lignes.

HOMME RENGAGÉ.

" aune $\frac{1}{4}$ DE GALON de fil blanc de 10 lignes pour chaque chevron.

PRIX DES FAÇONS ET MENUES FOURNITURES.

Habit de bas Officier & Dragon	1#	16s	"
Habit de Trompette ou de Tambour	2.	10.	"
Veste	"	16.	"
Surtout	1.	4.	"
Gilet	"	12.	"
Manteau	"	18.	"
Porte-manteau & besace	3.	"	"
Housse & Chaperons	1.	9.	"

PRIX DES SELLES ET DES BOTTES.

Selles complètes	50#	"	"
Bottes	14.	"	"

RÉGIMENS DE CHASSEURS.

ARTICLE SIXIÈME.

DÉTAIL DES QUANTITÉS de chaque espèce [de] Fournitures nécessaires à la confection des p[arties] d'Habillement & d'Équipement ci-après; prix [des] façons, & ceux des Selles & des Bottes: SAVOIR;

HABIT DE CHASSEUR À PIED.

1 aune $\frac{7}{16}$ DE DRAP de $\frac{4}{4}$ vert naturel.
″ ..... $\frac{5}{24}$ DE DRAP de couleur pour paremens & revers de l'habit, paremens & collet de la veste, & liserés.
2 ..... $\frac{3}{4}$ DE CADIS pour doublure de l'habit, non compris les manches.
″ ..... $\frac{1}{4}$ DE TOILE ÉCRUE de $\frac{7}{8}$ pour doublure des manches, poches & droits-fils,
″ douz. 5 GROS BOUTONS.
1 .... 10 PETITS BOUTONS.

HABIT DE CHASSEUR À CHEVAL.

1 aune $\frac{17}{24}$ DE DRAP de $\frac{4}{4}$ vert naturel.
″ ..... $\frac{1}{6}$ DE DRAP de couleur pour revers, paremens & liserés.
2 ..... $\frac{3}{4}$ DE CADIS pour doublure de l'habit, non compris les manches.
″ ..... $\frac{3}{4}$ DE TOILE ÉCRUE de $\frac{7}{8}$ pour doublure des manches, poches & droits-fils.
″ douz. 5 GROS BOUTONS.
1 .... 10 PETITS BOUTONS.

VESTE POUR CHASSEUR À PIED ET CHASSEUR À CHEVAL.

1 aune ″ DE DRAP de $\frac{4}{4}$ vert naturel.
2 ..... $\frac{1}{8}$ DE CADIS BLANC pour doublure, y compris celle des manches.
″ ..... $\frac{1}{4}$ DE TOILE ÉCRUE de $\frac{7}{8}$ pour doublure des basques, poches & droits-fils.
1 douz. ″ DE PETITS BOUTONS.

CULOTTE DE CHASSEUR À PIED ET DE CHASSEUR À CHEVAL.

″ aune $\frac{3}{4}$ DE DRAP de $\frac{4}{4}$ vert naturel.
″ ..... $\frac{13}{16}$ DE TOILE de $\frac{7}{8}$ pour doublure.
3 ..... ″ DE GANSE PLATE de 4 lignes, pour recouvrir les coutures de la culotte.

SURTOUT.

1 au. $\frac{5}{12}$ DE DRAP de $\frac{4}{4}$ vert naturel.
1 .... $\frac{1}{3}$ DE TOILE de $\frac{7}{8}$ p.r doublure, poches & droits-fils.
″ .... 8 GROS BOUTONS.
″ .... 2 PETITS BOUTONS.

GILET.

″ au. $\frac{11}{12}$ DE DRAP de $\frac{4}{4}$ vert naturel.
″ ... $\frac{1}{20}$ DE TOILE de $\frac{7}{8}$ p.r droits-fils.
1 douz. ″ DE PETITS BOUTONS.

MANTEAU.

3 au. $\frac{1}{4}$ DE DRAP VERT de $\frac{4}{4}$ apprêté à deux envers pour manteaux & capuchon.

PORTE-MANTEAU.

″ au. $\frac{3}{4}$ DE TRICOT VERT de $\frac{7}{12}$.
″ ... $\frac{7}{12}$ DE TREILLIS de $\frac{3}{4}$.
1 .... $\frac{5}{6}$ DE GALON de 9 lignes.

DISTINCTIONS DES GRADES.

ADJUDANT.

UNE ÉPAULETTE ET UNE CONTRE-EPAULETTE à fond de soie, couleur de feu, traversée dans le milieu de sa longueur par deux cordons de tresse d'argent.

SERGENT-MAJOR ou MARÉCHAL-DES-LOGIS en chef.

″ au. $\frac{7}{8}$ DE GALON D'ARGENT de 10 lignes.

FOURRIER.

″ au. $\frac{7}{8}$ DE GALON D'ARGENT de 10 lignes.

SERGENT ou MARÉCHAL-DES-LOGIS.

″ au. $\frac{7}{16}$ DE GALON D'ARGEN[T] de 10 lignes.

CAPORAL ou BRIGADIER.

″ au. $\frac{7}{8}$ DE GALON de fil bla[nc] de 10 lignes.

APPOINTÉ.

″ au. $\frac{7}{16}$ DE GALON de fil bla[nc] de 10 lignes.

CHASSEUR GENTILHOMM[E].

″ au. $\frac{1}{4}$ de galon d'argent de 15 lign[es] de large.

MARÉCHAL-FERRANT.

″ .... $\frac{1}{2}$ DE GALON de fil bla[nc] de 10 lignes.

TAMBOUR ou TROMPETTE.

5 au. ″ DE GALON à la livré[e] du Roi, de 18 lignes.
11 ... ″ DIT de 9 lignes.

HOMME RENGAGÉ.

″ au. $\frac{1}{2}$ DE GALON de fil blanc d[e] 10 lig. p.r chaque chevron.

PRIX DES FAÇONS ET MENUES FOURNITURES.

Habit de bas Officier & de Chasseur........	1tt	16s	″
Habit de Tambour ou Trompette.........	2.	10.	″
Veste...............	″	16.	″
Culotte...............	″	15.	″
Surtout............	1.	4.	″
Gilet...............	″	12.	″
Manteau.............	″	18.	
Porte-manteau & besace..	″	8.	

PRIX DES SELLES ET DES BOTTES.

Selles complètes.....	32tt	″s
Bottes.............	9.	10.

CHAPITRE IX.

De l'ordre & des précautions qui seront observés pour la confection de l'Habillement neuf & les réparations du vieux.

LES bas Officiers & Soldats qui devront être habillés de neuf, seront désignés d'avance, chaque année, par le Commandant du régiment; & on leur prendra mesure en présence du Commandant de la compagnie & du Capitaine chargé de l'habillement; on observera pour les Semestriers qui devront être habillés, la même règle avant leur départ.

Bas Officiers & Soldats à habiller de neuf chaque année.

En présence de qui on leur prendra mesure.

Dès que les fournitures pour l'habillement neuf seront arrivées & reçues, le Conseil d'administration ordonnera que l'on travaille à les mettre en œuvre, afin que l'habillement neuf & les réparations du vieux soient totalement finis au 1.er Mai de chaque année. Le Capitaine chargé de l'habillement, donnera la plus grande attention à ce que chaque partie soit exécutée dans les proportions prescrites; & veillera de même à l'économie que les Tailleurs doivent mettre dans la coupe, à l'utilité de l'emploi de chaque objet, & à la solidité des coutures; les Officiers des compagnies, de leur côté, donneront leurs soins à ces différens détails.

Confection de l'habillement neuf, & réparations du vieux.

Doivent être finies au 1.er Mai.

Soins & économie à y apporter.

A mesure qu'un habillement neuf sera fini, on le fera essayer au bas Officier ou Soldat auquel il est destiné; & dans le cas où il ne seroit pas parfaitement bien fait, la réparation en sera ordonnée aux dépens du maître Tailleur.

L'habillement neuf fini, sera essayé; aux frais de qui réparé s'il est mal fait.

Aussitôt que la totalité de l'habillement neuf sera achevée, on commencera les réparations du vieil habillement; chaque Capitaine rassemblera sa compagnie &, de concert avec celui chargé de l'habillement, le maître

Les réparations nécessaires au vieil habillement, examinées & constatées.

Tailleur préſent, ils examineront avec attention toutes les réparations néceſſaires, que le Fourrier écrira à meſure & nominativement.

L'état & la dépenſe des réparations, approuvés par le Conſeil d'adminiſtration avant leur exécution.

Les réparations ainſi conſtatées, le Capitaine chargé de l'habillement en remettra l'état général ſigné, tant par lui que par les Commandans des compagnies, au Major ou à l'Officier qui en fera les fonctions, lequel le préſentera au Commandant du régiment, qui en fera le rapport au Conſeil d'adminiſtration pour en délibérer, examiner la dépenſe qui en devra réſulter, & l'approuver s'il y a lieu; auquel cas cet état ſera remis, approuvé par le Conſeil d'adminiſtration, au Capitaine chargé de l'habillement, qui en fera donner une copie, de lui certifiée, au maître Tailleur, afin qu'il faſſe exécuter ce qui aura été réglé pour chaque bas Officier & Soldat.

Qui fera délivrer les fournitures pour les réparations.

A cet effet, & muni de l'approbation du Conſeil d'adminiſtration, le Capitaine chargé de l'habillement, fera délivrer à chaque Fourrier, les doublures, toiles, fils, boutons, paremens, &c. néceſſaires pour les réparations de chaque compagnie.

Habits retournés.

Aucun habit ne pourra être retourné qu'à ſa dernière année de ſervice.

État pour ſervir à la vérification, par les Commandans des compagnies, du travail des réparations.

Le Commandant de chaque compagnie gardera pardevers lui l'état particulier que le Fourrier aura rempli à ſa revue, pour conſtater, lorſqu'on lui préſentera les hommes réparés, ſi tous les objets preſcrits ont été bien remplis & exécutés.

Bas Officiers de planton, pour contenir les Ouvriers.

Il y aura tous les jours un bas Officier de planton, pour contenir les Ouvriers & veiller à l'utilité de leur travail.

Les Fourriers reſponſables de l'emploi des fournitures.

Les Fourriers ſeront particulièrement reſponſables du bon emploi des fournitures qui leur auront été délivrées par le Capitaine chargé de l'habillement.

Vérification de la réparation,

Lorſqu'un bas Officier ou Soldat ſera entièrement réparé, le Fourrier le préſentera au Commandant de la compagnie, qui, après avoir vérifié & examiné la réparation, l'acceptera, s'il la juge bien faite, ou la renverra au Capitaine chargé de l'habillement, avec le motif de ſon refus.

par le Commandant de la compagnie.

Dans le cas où les défauts de ladite réparation pourroient être attribués à la négligence du Fourrier, au manque d'attention du maître Tailleur, ou à l'inexactitude de l'Ouvrier, elle ſera rectifiée aux dépens de celui qui aura été reconnu en faute.

Aux dépens de qui ſeront rectifiés les défauts de la réparation.

Après que la compagnie aura été parfaitement réparée, celui qui la commande donnera au Capitaine chargé de l'habillement, ſon reçu au bas de l'état des réparations réglées à leur revue; & ledit Capitaine joindra cet état particulier au compte général ſommaire & par compagnie, qu'il devra remettre au Conſeil d'adminiſtration à la fin des réparations de l'ancien habillement.

Reçu des réparations, à donner par le Commandant de la compagnie au Capitaine chargé de l'habillement.

Le Commandant du Corps ſera l'inſpection de la totalité des réparations, lorſqu'elles ſeront entièrement achevées; & vérifiera, d'après l'état approuvé par le Conſeil d'adminiſtration que lui repréſentera le Capitaine chargé de l'habillement, ſi toutes celles ordonnées ont été exécutées avec ſoin, & les fournitures employées avec utilité.

Inſpection, par le Commandant du corps, des réparations exécutées.

Après cette dernière vérification, le Capitaine chargé de l'habillement, remettra en magaſin tout ce qui lui reſtera en drap, doublures, fils, boutons, &c. & n'entretiendra plus d'Ouvriers, les petites réparations journalières devant ſe faire dans l'intérieur des compagnies par le Soldat lui-même, lorſqu'elles en ſeront ſuſceptibles, ou par un Ouvrier de ſa compagnie, dans la chambre & ſous la direction du Fourrier.

Effets reſtans remis en magaſin; les petites réparations journalières faites dans l'intérieur des compagnies.

On aura le plus grand ſoin d'entretenir l'habillement dans le meilleur état, ſans différer la plus petite réparation, afin d'éviter des dégradations que les retards rendroient néceſſairement plus conſidérables.

La plus petite réparation ne ſera point différée.

Comment il en sera usé pour une réparation qui ne pourra être faite sans le secours du magasin.

Toutes les fois qu'il y aura à faire à l'habillement d'un Soldat une réparation qui ne pourra être exécutée par les soins du Fourrier, sans le secours du magasin & sur le champ, ce bas Officier la présentera d'abord au Commandant de sa compagnie, qui lui donnera un billet pour autoriser ladite réparation; & conduira ensuite le Soldat chez le Capitaine chargé de l'habillement, qui, plus en état de juger des détails d'entretien & des moyens d'y fournir, examinera la réparation à faire; & sur le billet d'approbation du Commandant de la compagnie, qui lui sera remis par le Fourrier, il fera délivrer les objets convenables à la réparation, qui sera faite par un Ouvrier de la même compagnie, & dont le maître Tailleur dirigera l'exécution. Aussitôt que la réparation sera achevée, le Fourrier représentera le Soldat au Commandant de sa compagnie & au Capitaine chargé de l'habillement, afin qu'il soit vérifié si cette réparation a été bien exécutée. Si la dégradation étoit occasionnée par la négligence des bas Officiers à la faire réparer sur le champ, ou par la mal-adresse du Soldat, le Commandant de la compagnie, après avoir vérifié de qui vient la faute, désigneroit sur son billet d'autorisation, celui aux dépens duquel la réparation devroit être faite; toutes celles qui dans les vingt-quatre heures ne seront pas présentées au Capitaine chargé de l'habillement, seront exécutées aux dépens du Fourrier. Les Soldats semestriers seront inspectés avant leur départ, par le Commandant de leur compagnie & par le Capitaine chargé de l'habillement, qui constateront l'un & l'autre l'état & la qualité des vêtemens de chaque Soldat, & en conserveront une note particulière; ces Soldats, à leur retour au Corps, seront présentés aux mêmes Officiers, pour qu'ils puissent juger de l'état dans lequel ils reviennent, ainsi que du soin qu'ils ont pris de leur habillement pendant leur absence, & qu'ils ordonnent les réparations nécessaires.

Inspection de l'habillement des Soldats semestriers à leur départ & à leur retour.

Réparations journalières de la

Les réparations journalières de la buffleterie & des gibernes,

gibernes feront exécutées, à mefure du befoin, dans l'intérieur des compagnies ; mais afin de prévenir les dégradations que le Soldat pourroit faire, s'il n'étoit pas furveillé & dirigé dans lefdites réparations, il avertira fon Fourrier du moindre travail qu'il auroit à faire, pour qu'il juge de fa néceffité, & qu'il le faffe exécuter fous fes yeux ou ceux de quelque bas Officier.

buffleterie & des gibernes.

Lorfque la réparation fera trop confidérable pour être faite par le Soldat, l'objet en fera préfenté au Commandant de la compagnie, qui en conftatera la néceffité, & l'autorifera par un billet que le Fourrier remettra au Capitaine ou autre Officier chargé de la partie de l'équipement, lequel en ordonnera l'exécution par l'Ouvrier du régiment ou de la garnifon, entendu dans cette partie, avec lequel il aura été fait d'avance un marché pour fixer les différens prix relatifs aux objets de réparations importantes dont les gibernes & la buffleterie peuvent être fufceptibles.

Réparations extraordinaires de la buffleterie & des gibernes.

Il fera réfervé, dans les réparations générales, huit vieux habits par compagnie, qui ferviront uniquement aux Soldats de garde pendant l'hiver & les jours de mauvais temps des autres faifons : ces habits feront choifis dans la claffe des moins bons, mais ils feront entretenus de manière qu'ils foient honnêtes & jamais déguenillés.

Vieux habits à réferver pour les Soldats de garde, pendant l'hiver & les mauvais temps.

CHAPITRE X.

De l'Uniforme des Officiers généraux.

LES Lieutenans généraux & Maréchaux-de-camp, auront un grand & un petit uniforme, compofés chacun d'un habit de drap bleu-de-roi, doublé de ferge de foie de même couleur ; d'une vefte de drap écarlate, doublée de ferge de foie blanche ; & d'une culotte de même drap écarlate.

Les Officiers généraux auront un grand & un petit uniforme : leur compofition.

Habit grand uniforme.

L'habit grand uniforme ſera ſans revers & non croiſé par-derrière ; les paremens ſeront du même drap que celui de l'habit, fermés en botte, & auront cinq pouces de hauteur, ſur une largeur qui excède d'un pouce au plus celle de la manche ; le collet, auſſi du même drap, ſera droit & aura quinze lignes de hauteur ; les poches ſeront coupées en travers à l'ordinaire.

Broderie du grand uniforme.

Cet habit ſera bordé d'une broderie de filés d'or paſſés, ſans paillettes, clinquans ni bouillons, laquelle aura vingt-quatre lignes de large, y compris la baguette qui ſera dentelée en forme de crête & aura deux lignes de largeur, le tout conforme au deſſin de la *planche II;* la même broderie réduite à huit lignes, y compris une baguette d'une ligne & demie, ſera miſe en bordé ſur le collet.

Boutons ; leur poſition.

Le devant de l'habit ſera garni de douze boutons, du côté droit ſeulement, juſqu'à la poche ; il y en aura trois ſur chaque parement, trois à chaque poche, deux aux hanches & deux au bas des plis : ils ſeront conformes au deſſin *n.° 1 de la planche VI.*

Veſte.

La veſte ſera bordée de la même broderie que l'habit, & garnie ſur le devant de douze boutons & de trois à chaque poche.

Deux rangs de broderie pour les Lieutenans généraux, aux paremens, & quatre aux poches de l'habit.

Trois rangs à la poche de la veſte.

Les Lieutenans généraux auront deux rangs de broderie ſur les paremens de l'habit, & quatre rangs aux poches, dont deux au-deſſous. Il n'y en aura que trois rangs à la poche de la veſte, y compris celui de la patte. Le ſecond rang de broderie ſera toujours ſans baguette.

L'habit & la veſte des Maréchaux-de-camp, ſemblables à ceux des Lieutenans généraux, mais ſans double broderie.

Les Maréchaux-de-camp porteront l'habit & la veſte ſemblables à ceux des Lieutenans généraux, mais ſans double broderie aux paremens & aux poches de l'habit.

Habit & veſte de petit uniforme ; mêmes différences pour la diſtinction des grades.

L'habit & la veſte de petit uniforme ſeront exécutés & bordés comme il vient d'être réglé pour le grand uniforme ; mais la broderie, réduite à moitié, n'aura, y compris la baguette, que douze lignes de largeur ; &

les mêmes différences aux paremens & aux poches, seront observées pour la distinction des grades de Lieutenant général & de Maréchal-de-camp.

Les Officiers généraux qui seront Commandans de régimens ou attachés à des Corps particuliers, pourront en porter l'uniforme; & ils auront un plumet blanc à leur chapeau, pour qu'on puisse les distinguer; indépendamment de quoi, l'épaulette de ceux qui seront Lieutenans généraux, sera garnie de trois étoiles en lame d'argent si elle est en tresse ou galon d'or, & en lame d'or si elle est en tresse d'argent; & celle des Maréchaux-de-camp, le sera de deux étoiles en lame d'or ou d'argent, en opposition au fond de l'épaulette.

Les Officiers généraux commandans de régimens, ou attachés à des Corps, pourront en porter l'uniforme; plumet à leur chapeau; épaulette.

Le chapeau des Officiers généraux sera bordé d'un galon d'or large de vingt lignes, du dessin, réduit, de la broderie uniforme, & pareillement sans clinquant: ceux des Officiers généraux qui préféreront le chapeau uni, pourront le porter avec un plumet blanc; mais il n'en sera point mis au chapeau bordé.

Chapeau bordé sans plumet; chapeau uni avec plumet.

Les Lieutenans généraux porteront la redingote de couleur bleu-de-roi, avec collet droit de la hauteur de dix-huit lignes, accompagné d'une rotonde large de quatre pouces; & cette redingote sera bordée sur le devant, le derrière, le collet & le tour des poches, qui seront en long, d'une broderie du même dessin que celle de l'habit, réduite à huit lignes de largeur; elle sera double pour les Lieutenans généraux, à la rotonde & aux paremens, & simple pour les Maréchaux-de-camp.

Redingote.

Les manteaux que porteront les Lieutenans généraux & Maréchaux-de-camp, seront aussi de couleur bleu-de-roi; & la rotonde, large de six pouces, sera bordée de la même broderie de huit lignes, double pour les Lieutenans généraux, & simple pour les Maréchaux-de-camp.

Manteaux.

Les housses & les chaperons de l'équipage du cheval, seront de velours cramoisi, brodés du dessin de la broderie

Housses & chaperons.

uniforme : cette broderie ſera, pour les Lieutenans généraux, *à la Bourgogne*, c'eſt-à-dire double; la première, faiſant le bordé, de douze lignes de large, y compris la baguette de deux lignes; la ſeconde de vingt-deux lignes ſans baguette; & pour les Maréchaux-de-camp, elle ne ſera que de vingt-quatre lignes de largeur, y compris la baguette de deux lignes.

Dragonne. Les Lieutenans généraux & Maréchaux-de-camp porteront une dragonne en galon d'or plein à grain d'orge, dont la frange ſera à graine d'épinards & cordes à puits, pareillement en or; il ſera brodé ſur le gland trois étoiles en lame d'argent, poſées deux en bas & une en haut, pour la diſtinction des Lieutenans généraux; & deux ſeulement pour celle des Maréchaux-de-camp.

CHAPITRE XI.

De l'Uniforme des Intendans des armées & Commiſſaires des guerres.

Habit grand uniforme des Intendans des Armées. L'HABIT grand uniforme des Intendans des armées ſera de drap bleu-de-roi, piqué de blanc; le collet, de même drap, ſera droit & aura dix-huit lignes de hauteur; le parement, pareillement en drap bleu-de-roi, piqué de blanc & fait en botte, aura cinq pouces de hauteur, ſur une largeur qui excède d'un pouce au plus celle de la manche; & la doublure ſera de voile bleu; les poches ſeront coupées en travers à l'ordinaire; il ne ſera point croiſé par-derrière; & il ſera garni, du côté droit ſeulement, de douze gros boutons de métal doré, de trois ſur chaque parement, trois à chaque poche, deux aux hanches & deux au bas des plis. Ces boutons ſeront conformes au deſſin *n.° 2 de la planche VI.*

Veſte & culotte. La veſte & la culotte ſeront de drap écarlate, & garnies

garnies de petits boutons uniformes. La doublure de la veste sera d'étoffe blanche.

Broderie.

Les Intendans des armées porteront sur l'habit & sur la veste, une broderie de filés d'or passés, sans autres paillettes, lames ou bouillons, que ceux qui ont été réglés, conformément au dessin gravé *(planche III)*. Cette broderie sera large de seize lignes, non compris la baguette, pareillement en filés d'or passés, qui aura deux lignes de large, & sera posée à une ligne de distance de la broderie, laquelle n'aura ainsi, que dix-neuf lignes de largeur en totalité.

Il y aura trois rangs de cette broderie sur le parement; un autour de la poche, non compris celui qui sera sur les côtés & au bas de la patte, & un second rang au bas de la poche.

Habit grand uniforme, veste & culotte des Commissaires-ordonnateurs, principaux & autres.

Les Commissaires-ordonnateurs des guerres, les Commissaires principaux, les Commissaires à département, les Commissaires ordinaires & les Commissaires des guerres simplement dits, qui sont ceux pourvus de charge & non encore employés, porteront les mêmes habits grand uniforme, veste & culotte, ci-dessus réglés pour les Intendans des armées, à la différence que les paremens seront de drap écarlate, & la doublure de voile pareillement écarlate. L'habit & la veste seront bordés de la même broderie uniforme, de seize lignes de large; mais il y en aura plus ou moins sur les paremens & aux poches, pour distinguer les différens grades ci-dessus.

Broderie; il y en aura plus ou moins pour distinguer les différens grades.

Distinction pour les Commissaires-ordonnateurs.

Les Commissaires-ordonnateurs auront trois rangs de broderie sur le parement, un autour de la poche, non compris celui qui sera sur les côtés & au bas de la patte, & un second rang au bas de la poche.

Idem pour les Commissaires principaux.

Les Commissaires principaux auront la poche semblable à celle des Commissaires-ordonnateurs désignée ci-dessus, mais ils ne porteront que deux rangs de broderie sur le parement.

Distinction pour les Commissaires à département. Les Commissaires à département auront la même poche, mais ne porteront qu'un rang de broderie sur le parement.

Idem *pour les Commissaires ordinaires.* Les Commissaires ordinaires porteront un rang de broderie sur le parement, & un seul autour de la poche, non compris celui qui sera sur les côtés & au bas de la patte.

Idem *pour les Commissaires non employés.* Enfin les Commissaires des guerres non employés, auront un rang de broderie sur le parement, & il n'y en aura point au-dessus de la poche, qui ne sera bordée que le long des côtés & du bas, de même que la patte, avec la broderie de laquelle celle de la poche se joindra en écusson.

Petit uniforme. Les Intendans des armées & Commissaires-ordonnateurs, Commissaires principaux, Commissaires ordinaires & Commissaires des guerres non employés, pourront porter un petit uniforme, croisé par-derrière, qui sera d'ailleurs des mêmes couleur & forme ci-dessus désignées; la broderie de ce petit uniforme, qui sera posée comme sur l'habit grand uniforme, & en même nombre de rangs sur les paremens & aux poches, aura huit lignes de largeur, non compris la baguette d'une ligne & demie.

Redingotes. Les redingotes uniformes seront du même drap que l'habit, & non croisées par-devant; le collet, qui sera droit, aura dix-huit lignes de hauteur; la rotonde, qui aura six pouces de hauteur, & les paremens, qui auront trois pouces & demi, seront de drap pareil pour les Intendans des armées; la rotonde & les paremens seront bordés de trois rangs d'une broderie uniforme, mais sans paillettes, de huit lignes de large. Le surplus de la redingote, y compris le collet & les poches, lesquelles seront en long, n'aura qu'un seul bordé de cette broderie.

Celles des Commissaires-ordonnateurs seront les mêmes que celles des Intendans des armées, à la seule différence que les paremens seront de drap écarlate.

Celles des Commiſſaires principaux, Commiſſaires à département, Commiſſaires ordinaires & Commiſſaires des guerres non employés, ſeront ſemblables à celles des Commiſſaires-ordonnateurs, excepté que les différences des grades ſeront marquées : pour les Commiſſaires principaux, par trois rangs de broderie ſur la rotonde, & deux ſur le parement: pour les Commiſſaires à département, par trois rangs ſur la rotonde, & un ſur le parement: pour les Commiſſaires ordinaires, par deux rangs ſur la rotonde, & un ſur le parement: & pour les Commiſſaires des guerres non employés, par un rang ſur la rotonde, & un ſur le parement.

Les manteaux ſeront en drap bleu-de-roi; piqué de blanc; ceux des Intendans des armées, des Commiſſaires-ordonnateurs & des Commiſſaires principaux, auront ſur la rotonde, qui ſera de la même couleur, la même broderie que celle réglée pour les redingotes. *Manteaux.*

Les Intendans des armées en porteront trois rangs; les Commiſſaires-ordonnateurs deux rangs; & les Commiſſaires principaux, un ſeul : les Commiſſaires à département porteront un bordé de galon d'or du deſſin de la broderie, de dix-huit lignes de large; les Commiſſaires ordinaires, de quinze lignes; & les Commiſſaires des guerres non employés, de douze lignes.

Les Intendans des armées porteront la dragonne en galon d'or à grain d'orge, liſéré d'un côté d'une raie de ſoie bleue, & de l'autre d'une raie couleur de feu, & garnie de franges à graine d'épinards & cordes à puits. *Dragonne.*

Les Commiſſaires-ordonnateurs porteront la même dragonne, à la ſeule différence que le cordon aura, dans ſa longueur & au milieu, une petite raie en filés d'argent.

Les Commiſſaires principaux porteront la même dragonne, avec cette différence que le cordon aura, dans ſa longueur & au milieu, deux petites raies en filés d'argent.

Les Commiſſaires à département porteront une dragonne en galon d'or à grain d'orge, liſéré d'un côté d'une raie de ſoie bleue, & de l'autre d'une raie couleur de feu, mais dont les franges ne ſeront qu'à graine d'épinards.

Les Commiſſaires ordinaires porteront la même dragonne que ceux à département, avec cette différence que le cordon aura, dans ſa longueur & au milieu, une petite raie en filés d'argent.

Enfin les Commiſſaires des guerres non employés porteront la même dragonne, à la ſeule différence que le cordon aura, dans ſa longueur & au milieu, deux petites raies en filés d'argent.

Chapeau. Les Intendans des armées & Commiſſaires des guerres, porteront un chapeau bordé d'un galon d'or de vingt lignes de large à grain d'orge, dont chaque côté, à huit lignes de large, imitera la broderie qui leur eſt affectée. Ils auront toujours, avec l'uniforme, leurs cheveux en queue.

CHAPITRE XII.

De l'Uniforme des Officiers de l'État-major des Places.

Uniforme des Officiers de l'État-major des Places. LES Officiers de l'État-major des Places porteront l'habit non croiſé, en drap de couleur bleu-de-roi, avec collet droit de dix-huit lignes de hauteur, paremens en botte de cinq pouces de hauteur, & poches coupées en travers; il ſera garni de boutonnières de galons d'or de trois lignes de largeur de chaque côté juſqu'à la poche, & de boutons de cuivre doré du deſſin gravé (*n.° 3, planche VI*);

planche VI); la doublure ſera de ſerge écarlate; la veſte & la culotte ſeront de drap de même couleur écarlate.

Les Gouverneurs qui ſeront Officiers généraux, continueront de porter l'uniforme réglé pour leur grade. Les Gouverneurs qui ne ſeront point Officiers généraux, porteront un double galon d'or ſur l'habit; l'un en bordé, large de douze lignes; & l'autre, à côté, de dix-huit lignes de largeur, du deſſin gravé *(planche IV)*; les paremens & le tour des poches ſeront galonnés dans la même forme. *Gouverneurs.*

Les Lieutenans de Roi porteront ſur l'habit le ſimple bordé de galon d'or de douze lignes; les paremens & le tour des poches, ſeront de plus garnis d'un galon large de dix-huit lignes. L'un & l'autre ſeront du même deſſin que celui des Gouverneurs. *Lieutenans de Roi.*

Les Majors porteront ſeulement le bordé de galon de douze lignes de large avec boutonnières d'or, ſans aucun agrément de plus aux paremens & aux poches. *Majors.*

Les habits des Aides-majors auront des boutonnières d'or, des deux côtés juſqu'à la taille, ſans bordé. *Aides-majors.*

Ceux des Sous-aides-majors n'auront des boutonnières que d'un ſeul côté. *Sous-aides-majors.*

Chacun deſdits Officiers-majors des Places, portera l'épaulette diſtinctive du grade militaire dont il aura obtenu les Lettres ou commiſſion. *Épaulette.*

Les Officiers pourvus des emplois de Lieutenans de Roi, de Majors ou autres dans les Places, qui auroient obtenu des commiſſions pour commander, ne porteront que l'uniforme diſtinctif de l'emploi dont le brevet leur aura été expédié. *Officiers ayant obtenu des commiſſions pour commander.*

Ceux qui n'ayant point été pourvus du brevet de Lieutenant de Roi, de celui de Major ou autre, ſeront employés commandans dans une Place, porteront l'habillement uniforme réglé pour le Lieutenant de Roi, *Officiers employés pour commander dans une Place.*

à moins qu'ils ne fussent Officiers généraux, auquel cas ils porteroient l'uniforme de leur grade.

CHAPITRE XIII.

De l'Uniforme des Officiers des États-majors des armées, & des Aides-de-camp.

Uniforme des Officiers des États-majors des Armées.

LES Officiers des États-majors des armées, porteront l'habit uniforme de drap bleu-de-roi, non croisé, doublé de serge de même couleur; le collet, droit, de dix-huit lignes de hauteur; paremens en bottes, de cinq pouces de haut; poches en travers; la veste & la culotte de drap écarlate.

Aides-Maréchaux-généraux-des-logis de l'Armée & de la Cavalerie; & Aides-majors-généraux de l'Infanterie.

Les Aides-maréchaux-généraux-des-logis de l'armée & de la Cavalerie, & les Aides-majors-généraux de l'Infanterie, porteront en bordé sur l'habit & la veste, une baguette dentelée de trois lignes de large; &, sur l'habit seulement, des boutonnières en broderie de fil d'or passé, sans clinquans ni paillettes, conformes aux dessins gravés (*n.os 4, 5 & 6 de la planche V*). Il y aura huit boutonnières sur le devant de l'habit, deux sur le parement, & trois sur la patte de la poche.

Chefs des États-majors.

Les Chefs des États-majors porteront de plus sur l'habit & la veste, un bordé en broderie, des dessins (*n.os 1, 2 & 3 de la même planche V*), des boutonnières désignées pour l'habit; & s'ils sont Officiers généraux, ils porteront à leur choix, ou l'uniforme de l'État-major ou celui de leur grade d'Officier général.

Adjoints.

Les Adjoints porteront les boutonnières ci-dessus désignées, sans baguettes.

Les boutons seront conformes au dessin gravé (*n.o 4 de la planche VI*).

Aides-de-camp.

Les Officiers qui auront la permission de servir comme

Aides-de-camp, porteront l'habit uni de drap bleu-de-roi, non croisé, doublé de serge de même couleur; la veste & la culotte de drap chamois; les boutons du dessin gravé *(n.° 5, planche VI)*.

Les Officiers des États-majors & les Aides-de-camp, porteront avec leurs uniformes, les épaulettes & dragonnes distinctives de leurs grades. *Épaulettes & dragonnes.*

CHAPITRE XIV.

De l'Uniforme du Corps-royal du Génie.

L'UNIFORME des Ingénieurs du Corps-royal du Génie, sera de drap bleu-de-roi, avec revers, collet droit, paremens de velours noir faits en botte, poche ordinaire, coupée en travers, & doublure de serge écarlate; le revers sera garni de chaque côté de sept petits boutons, de trois gros au-dessous, trois sur chaque poche, un sur chaque hanche, & trois sur chaque parement. Les boutons seront jaunes, godronnés & timbrés au milieu, d'un corset d'armes & pot en tête en relief, suivant le dessin gravé *(n.° 6, planche VI)*. *Habit uniforme des Ingénieurs du Corps-royal du Génie.*

La veste & la culotte seront en drap écarlate, garnies de petits boutons uniformes; la doublure de la veste sera blanche. *Veste & culotte.*

Chaque Ingénieur portera l'épaulette & la dragonne affectée au grade d'Officier dont il aura la commission. *Épaulette & dragonne.*

Les Sous-lieutenans de l'École de Mézières, porteront le même uniforme ci-dessus réglé. *Sous-lieutenans de l'école de Mézières.*

Le chapeau uniforme sera bordé d'un galon d'or, large de seize lignes; les deux extrémités & le milieu seront d'un dessin à jonc, vulgairement appelé *à la mousquetaire*, les deux parties intermédiaires, larges de trois lignes chacune, seront à grain d'orge. *Chapeau.*

La redingote sera de drap bleu-de-roi, faite dans la *Redingote.*

forme de celle des Officiers d'Infanterie; les paremens seront en velours noir.

Manteau. Le manteau sera de drap bleu-de-roi; la rotonde sera bordée d'un galon d'or de huit lignes, du même dessin réduit que celui du chapeau.

Épée & ceinturon. L'épée & le ceinturon seront semblables à ceux qui ont été réglés pour les Officiers d'Infanterie.

Housse & chaperons. La housse & les chaperons uniformes des Ingénieurs, seront en drap bleu-de-roi, bordés d'un galon d'or large de vingt-quatre lignes, du dessin réglé pour les bords des chapeaux.

CHAPITRE XV.

De l'Uniforme des Employés aux Fortifications.

Uniforme des Inspecteurs des casernes. LES Inspecteurs des casernes porteront l'habit avec collet renversé, paremens & revers de drap bleu-de-roi; doublure de serge écarlate; veste & culotte de drap de même couleur. Les boutons seront de métal jaune en façon de trait.

Idem *des Éclusiers, Caserniers & Gardiens des fortifications.* Les Éclusiers, Caserniers, Gardiens des fortifications, jetées, digues, fascinages & épis, ainsi que tous autres Employés, porteront l'habit avec collet renversé; doublure, veste & culotte bleu-de-roi. Les boutons seront de métal jaune, ornés dans le milieu d'une rosette, avec la légende au pourtour : *Fortifications.*

CHAPITRE XVI.

De l'Uniforme des Ingénieurs-géographes militaires.

Habit. L'HABIT uniforme des Ingénieurs-géographes militaires, sera de drap bleu-de-roi, doublé de serge de laine blanche,

& croiſé par-derrière; les revers, paremens & collet ſeront de drap aurore, liſéré de blanc; chaque côté de revers, ſera garni de ſept petits boutons & boutonnières, & il y aura au-deſſous trois boutonnières & trois gros boutons poſés à diſtances égales; le parement, qui ſera fait en botte, aura quatre pouces de hauteur, & ſera garni de trois boutons & boutonnières; la poche ſera double, coupée en long, & garnie de trois boutons & trois boutonnières; toutes les boutonnières ſeront exécutées en petit galon d'argent, large de trois lignes.

Les boutons ſeront de métal blanc, timbrés d'une fleur-de-lys, entre deux triangles placés en étoile, & entourés de deux cercles laſſés en chaînes, conformément au deſſin gravé *(n.° 7, planche VI)*. *Boutons.*

La veſte ſera de drap blanc, ou d'étoffe de laine blanche, garnie ſur le devant de douze boutons, & d'autant de boutonnières de poil de chèvre; il y aura trois boutonnières de même, & pareil nombre de boutons ſur la patte de la poche. *Veſte.*

La culotte ſera en drap blanc ou étoffe de laine blanche. *Culotte.*

Le chapeau ſera bordé d'un galon d'argent ſans clinquant; le deſſin du galon ſera ſemé de triangles mêlés de fleurs-de-lys. *Chapeau.*

Le ceinturon ſera de buffle blanc, de la largeur de deux pouces. *Ceinturon.*

L'épée ſera à poignée d'argent, & garde de cuivre doré. *Épée.*

Les Ingénieurs-géographes porteront l'épaulette du grade d'Officier, dont ils auront été pourvus par brevet ou commiſſion; elle ſera mêlée, pour les grades inférieurs à celui de Capitaine, d'argent & de ſoie couleur aurore. *Épaulette.*

Dragonne. Il en sera de même de la dragonne, qui d'ailleurs sera conforme à celle réglée pour chaque grade dans les troupes de Sa Majesté.

Uniforme des surnuméraires Ingénieurs. Les Surnuméraires - ingénieurs porteront l'uniforme ci-dessus réglé, à l'exception des revers & boutonnières d'argent qui en seront supprimées; l'habit sera seulement garni de boutonnières de poil de chèvre de la couleur du drap.

Housse & chaperons. La housse & les chaperons des Ingénieurs-géographes, seront en drap aurore, bordés d'un galon d'argent large de vingt-quatre lignes, du dessin réglé pour le bord du chapeau.

CHAPITRE XVII.

De l'Uniforme des Officiers réformés ou retirés du service de l'Infanterie, de la Cavalerie, des Hussards, des Dragons, & des Régimens de Chasseurs.

Officiers réformés ou retirés de l'Infanterie françoise. LES Officiers réformés ou retirés du service de l'Infanterie françoise, porteront l'habit avec revers & paremens de drap blanc; collet droit de velours vert-saxe; la poche de l'habit coupée en travers, garnie de trois gros boutons; il y aura sept petits boutons à chaque côté de revers, & trois gros au-dessous du côté droit; l'avant-bras & le parement seront fermés, sur le côté extérieur de l'avant-bras, par trois petits boutons; doublure, veste & culotte d'étoffe de laine blanche; boutons jaunes godronnés, ornés d'une rosette au milieu, conformes au dessin gravé *(n.° 8 de la planche VI)*.

Idem *de l'infanterie étrangère.* Les Officiers réformés ou retirés du service de l'Infanterie étrangère, porteront l'habit, les revers & les paremens de la couleur de l'uniforme des régimens dans lesquels ils auront servi, ou à la suite desquels la commission de leur grade aura été attachée; il n'y aura en couleur tranchante que le collet, lequel sera de velours couleur de feu pour le fond de l'uniforme en drap bleu-céleste, & de velours vert-saxe pour le fond de l'uniforme en drap rouge; doublure, veste & culotte blanche; la coupe de l'habit, la position & la forme des boutons, seront les mêmes que celles qui ont été ci-dessus réglées pour les Officiers de l'Infanterie françoise.

Officiers réformés ou retirés de l'Artillerie.

Les Officiers réformés ou retirés du service de l'Artillerie, porteront l'habit, les revers & les paremens de drap bleu-de-roi; collet de velours couleur de feu; doublure écarlate; veste & culotte de drap bleu; les mêmes coupe, position & forme de boutons, ci-dessus réglées pour les Officiers de l'Infanterie françoise, seront observées.

Idem *de la Cavalerie.*

Les Officiers réformés ou retirés du service de la Cavalerie, porteront l'habit, les revers & les paremens de drap bleu-de-roi; collet de velours couleur de feu; doublure, veste & culotte blanche; la coupe de l'habit, la position & la forme des boutons, seront au surplus les mêmes que pour les Officiers de l'Infanterie françoise.

Idem *des Hussards.*

Les Officiers réformés ou retirés du service des Hussards, porteront l'habit & les paremens de drap vert, sans revers; collet droit de velours couleur de feu; poches en travers, garnies de trois gros boutons; trois de même à chaque parement, qui sera en botte; le devant de l'habit sera garni de neuf gros boutons, & de pareil nombre de boutonnières en petit galon d'or de la largeur de trois lignes; doublure, veste & culotte verte; boutons jaunes godronnés, ornés d'une rosette au milieu.

Idem *des Dragons.*

Les Officiers réformés ou rétirés du service des Dragons, porteront l'habit, les revers & les paremens de drap vert-foncé; collet de velours couleur de feu; doublure, veste & culotte blanche: on observera les mêmes coupe, position & forme de boutons qui ont été ci-dessus réglées pour les Officiers de l'Infanterie françoise.

Officiers réformés ou retirés des régimens de Chasseurs.

Les Officiers réformés ou retirés du service des régimens de Chasseurs, porteront l'habit, les revers & les paremens de drap vert-foncé; collet droit de velours couleur de feu; doublure, veste & culotte vertes; l'habit sera sans poches marquées en-dessus, & d'ailleurs conforme pour la coupe, la position & la forme des boutons, à ce qui a été ci-dessus réglé pour les Officiers de l'Infanterie françoise.

Épaulettes des Officiers réformés ou retirés.

Chacun des Officiers mentionnés au présent Chapitre, portera l'épaulette distinctive du grade dont il sera pourvu.

Défense aux Officiers ayant quitté leur emploi ou qui ont été réformés sans traitement, de porter aucun uniforme.

Veut & entend Sa Majesté que les uniformes ci-dessus réglés, soient spécialement réservés aux Officiers qui auront obtenu, par l'ancienneté ou la distinction de leur service, des pensions ou appointemens, la croix de Saint-Louis ou celle du mérite militaire: défendant à tous autres qui ont quitté leur emploi, ou qui ont été réformés, sans avoir été jugés susceptibles d'un traitement, de porter aucun unifome.

CHAPITRE XVIII.

De l'Uniforme des Médecins & Chirurgiens-inspecteurs des Hôpitaux militaires & des armées; des Chirurgiens-majors & Apothicaires-majors des armées; des Médecins, Chirurgiens-majors & Apothicaires-majors & Aides-majors des Hôpitaux militaires, citadelles, forts & châteaux du Royaume; & des Chirurgiens-majors des Régimens.

Médecins-inspecteurs des Hôpitaux

L'UNIFORME des Médecins-inspecteurs des hôpitaux militaires du Royaume, & des premiers Médecins des armées,

armées, sera composé d'un habit, veste & culotte de drap gris-de-fer-foncé; l'habit sera doublé de serge de même couleur; il sera sans revers, mais garni d'un collet renversé de velours noir, brodé aux deux extrémités de deux boutonnières en filés d'or passé. L'habit & la veste seront bordés d'un galon d'or, dessin guilloché, de la largeur de huit lignes; les poches & paremens seront garnis d'un second galon de même dessin, large de seize lignes. Les boutons uniformes seront de métal jaune, du dessin à *limace*, conforme à celui gravé (*n.° 9 de la planche VI*).

militaires du Royaume, & premiers Médecins des Armées.

L'habillement des Médecins des hôpitaux militaires & des armées, sera le même que celui ci-dessus réglé pour les Médecins-inspecteurs, excepté que le double galon de seize lignes de largeur pour les paremens & les poches, sera supprimé, & qu'il ne sera bordé que du simple galon de huit lignes.

Médecins des Hôpitaux militaires & des Armées.

Les Médecins surnuméraires, attachés aux hôpitaux militaires, porteront l'habillement réglé à l'article ci-dessus, en supprimant les deux boutonnières brodées du collet noir.

Médecins surnuméraires.

L'habit des Chirurgiens-inspecteurs des hôpitaux militaires du Royaume & des armées, & celui des Chirurgiens-majors des armées, sera de drap gris-d'ardoise-clair, sans revers; doublure de même couleur; collet droit, du même drap que celui du fond de l'habit; paremens de velours noir; la patte de la poche en long, garnie de trois boutons. La veste & la culotte seront de drap écarlate; l'habit & la veste seront bordés d'un galon d'or guilloché, large de huit lignes, & il sera ajouté un second galon de la largeur de seize lignes, aux paremens & aux poches seulement; les boutons seront de métal jaune, du dessin guilloché gravé (*n.° 10 de la planche VI*).

Chirurgiens-inspecteurs des Hôpitaux militaires du Royaume & des Armées; & Chirurgiens-majors des Armées.

L'habillement des Chirurgiens-majors des hôpitaux militaires, citadelles, forts & châteaux du Royaume,

Chirurgiens-majors des Hôpitaux militaires,

citadelles, forts & châteaux. sera des mêmes couleurs ci-dessus réglées, mais il n'y aura aucuns galons; il sera garni sur le devant de douze boutonnières d'or de chaque côté, & de trois à chaque parement & poche; les boutons seront de métal jaune, & guillochés comme ceux réglés pour les Chirurgiens-inspecteurs des hôpitaux militaires.

Chirurgiens-majors des régimens.

Les Chirurgiens-majors des régimens ou compagnies formant troupe, porteront l'habillement semblable en tout à celui des Chirurgiens-majors des hôpitaux militaires, à l'exception des boutons, qui seront ceux uniformes des corps auxquels ils seront attachés.

Chirurgiens-aides-majors des Hôpitaux militaires.

Les Chirurgiens-aides-majors des hôpitaux militaires du Royaume & des armées, porteront l'habit, paremens, veste & culotte, des mêmes couleur & forme de poches ci-dessus réglées pour leur profession; mais le devant de l'habit ne sera garni que de six boutons & d'autant de boutonnières de filés d'or de chaque côté, détachés par un, deux & trois.

Élèves-Chirurgiens des Hôpitaux militaires, & Chirurgiens surnuméraires employés.

Les Élèves-Chirurgiens des hôpitaux militaires du Royaume & des armées, & les Chirurgiens surnuméraires employés, porteront l'habit, paremens, veste, culotte & boutons ci-dessus réglés, avec des boutonnières en poil de chèvre, de la couleur du drap sur lequel elles seront appliquées; le devant de l'habit sera garni de six boutonnières de chaque côté, détachées par une, deux & trois, de six boutons du côté droit, & de trois à chaque parement & poche.

Apothicaires-majors des Armées; des Hôpitaux militaires; Apothicaires-aides-majors, Sous-aides-majors & Élèves.

Les Apothicaires-majors des armées; ceux des hôpitaux militaires; les Apothicaires-aides-majors, Sous-aides-majors & Élèves, porteront les mêmes uniformes que ceux réglés pour les Chirugiens de ces différentes classes; à la seule différence que les paremens seront de même drap que le fond de l'habit.

Défense aux Médecins, Chirurgiens & Apothicaires, de

Il est particulièrement défendu aux Médecins, Chirurgiens & Apothicaires, d'apporter aucun changement dans les couleurs des draps, largeur de galons, position des boutons, forme des poches, ou autres parties des uniformes qui viennent de leur être ci-dessus réglés, à peine d'être contraints d'en faire faire de nouveaux; & en cas de récidive, d'être privés de leurs places.

faire aucun changement à leurs uniformes.

SA MAJESTÉ défend expressément à tous Gouverneurs & Lieutenans de Roi municipaux, Colonels des villes, Officiers des Milices bourgeoises, des compagnies d'Arquebuse, & autres semblables, enfin à toutes personnes non comprises dans le présent Règlement, de porter en tout ou partie, aucun des uniformes qui y sont désignés, de décorer ceux dont ils sont en possession ou qui pourroient leur être accordés par la suite, d'aucune espèce d'épaulettes, & de porter des dragonnes; ces distinctions étant uniquement & exclusivement affectées aux Officiers militaires, pourvus de brevets ou de commissions de Sa Majesté : Elle excepte toutefois de cette défense, ceux qui servent dans les Corps de sa Maison, ou autres auxquels il auroit été réglé des uniformes & distinctions militaires, par ses Ordonnances ou Règlemens émanés des départemens de la Guerre ou de la Marine.

Défense à toutes personnes non comprises dans le présent Règlement, de porter aucun des uniformes qui y sont désignés, ni des épaulettes & dragonnes.

Défend aussi Sa Majesté à toutes personnes non admises dans l'état militaire, de porter à leur chapeau des cocardes blanches ou noires, sous peine d'être emprisonnées sur le champ, & de plus grande peine, s'il y échoit.

Défense à toutes personnes non admises dans l'état militaire, de porter des cocardes blanches ou noires.

Sa Majesté veut & entend même que les Officiers de ses troupes ne puissent porter des cocardes à leur chapeau, lorsqu'ils ne seront point en habit uniforme.

Les Officiers des troupes ne porteront poin de cocardes lorsqu'ils ne seront pas en uniforme.

Veut pareillement Sa Majesté que lesdits Officiers, quel que soit leur grade, s'abstiennent de faire porter par leurs gens, sous le titre de *Hussards, Chasseurs,*

Les mêmes Officiers, quel que soit leur grade, s'abstiendront de faire porter par leurs gens, des cocardes, épaulettes, sabres, &c.

Heiduques ou autres, des cocardes & épaulettes, ſabres, couteaux de chaſſe ou autres armes; ſon intention étant que ceux qui ſeront trouvés dans Paris ou ailleurs, ainſi décorés ou armés, ſoient arrêtés ſur le champ, conſtitués priſonniers, & qu'il en ſoit rendu compte au Secrétaire d'État ayant le département de la guerre, ainſi que des noms des maîtres auxquels ils appartiennent.

Dérogeant Sa Majeſté à toutes Ordonnances & Règlemens précédemment rendus, en ce qui pourroit être contraire aux diſpoſitions du préſent.

MANDE & ordonne Sa Majeſté aux Officiers généraux ayant commandement ſur ſes troupes; aux Gouverneurs, Lieutenans généraux & Commandans en ſes provinces; aux Officiers généraux chargés de l'inſpection de ſes troupes; aux Gouverneurs & Commandans de ſes villes & places; aux Intendans dans ſes provinces, & au Lieutenant général de Police de la ville de Paris; aux Commiſſaires des guerres, & à tous autres ſes Officiers qu'il appartiendra, de tenir la main, chacun en ce qui peut le concerner, à l'exécution du préſent Règlement; d'empêcher les contraventions qui pourroient y être faites, ou d'en informer ſur le champ le Secrétaire d'État ayant le département de la guerre.

FAIT à Verſailles le premier octobre mil ſept cent quatre-vingt-ſix.

Signé LOUIS. *Et plus bas,* LE M.[AL] DE SÉGUR.

DESCRIPTION

DESCRIPTION DE LA SELLE

Pour la Cavalerie & les Dragons.

L'ARÇON sera à la françoise, composé de douze pièces faites en bois de hêtre bien sec;

SAVOIR:

L'ARÇON de devant, se joignant au garrot, à queue d'aronde, sera de deux pièces, longues chacune de douze pouces pour la Cavalerie, & de onze pouces seulement pour les Dragons, mesurées depuis l'arcade jusqu'à leurs pointes; l'arcade de cet arçon, mesurée depuis la partie de devant jusqu'à celle de derrière, aura trois pouces, & continuera de même largeur jusqu'en bas de l'assemblage de la bande, & de cette partie jusqu'à la pointe de l'arçon; la largeur de cette dernière partie se diminuera insensiblement à deux pouces, que doivent avoir les pointes, dont la distance de l'une à l'autre aura seize pouces pour la Cavalerie, & quinze pour les Dragons.

Les liéges ou battes seront composés de deux pièces collées sur l'arçon, de niveau à sa partie intérieure du côté du siége, & laisseront une distance de deux pouces six lignes sur le pommeau, lequel aura un pouce d'épaisseur sur le devant, & quinze lignes du côté du siége.

Les deux liéges auront, pour la Cavalerie, quinze pouces six lignes de long à leurs extrémités basses, & quatorze pouces six lignes pour les Dragons; deux pouces dix lignes de hauteur, & au-dessus du pommeau quinze lignes: dans lesquels liéges il y aura, de chaque côté, une mortaise de deux pouces de long sur trois lignes de hauteur, pour passer les sangles du faux-siége, qui seront clouées sur l'arçon; ces mortaises auront de l'une à l'autre, deux pouces trois lignes de distance; l'échancrure, à chaque extrémité basse des liéges pour passer la courroie porte-fonte, aura dix-huit lignes de longueur sur neuf lignes de hauteur.

L'arçon de derrière sera composé de trois pièces unies ensemble par un pontet; chaque pointe d'arçon aura, pour la Cavalerie, onze pouces de longueur; & pour les Dragons, dix pouces, mesurés depuis le milieu de la liberté des rognons jusqu'aux bouts des pointes; sa largeur sera de trois pouces dans le milieu du pontet, & se diminuera insensiblement jusqu'aux pointes, qui auront deux pouces & demi de largeur.

Les deux bandes d'arçon auront à leurs parties inférieures, mesurées à leur jonction, de l'arçon de devant à celui de derrière, onze pouces & demi de longueur pour la Cavalerie, & dix pouces & demi pour les Dragons : elles seront cambrées de façon à tomber d'à-plomb sur le dos du cheval ; leur largeur sera de deux pouces trois lignes à leur jonction à l'arçon de devant, & de trois pouces six lignes à leur jonction à l'arçon de derrière ; elles seront contournées à la ressemblance d'une double *S.*

Le trousse-quin, composé de trois pièces unies ensemble par un pontet, aura pour la Cavalerie dix-huit pouces & demi de longueur d'un bout à l'autre, mesuré en dehors, & pour les Dragons dix-sept pouces & demi; sa hauteur sera de deux pouces quatre lignes au milieu du pontet, & ira en diminuant jusqu'à ses extrémités ; il sera collé sur l'arçon de derrière, de façon à être évasé du côté du siége. Il y aura une mortaise dans le milieu pour passer une grande courroie de la charge, & une mortaise percée de chaque côté à deux pouces plus bas que celle du milieu, pour passer les sangles du faux-siége, qui seront clouées sur l'arçon avec des joncs en dehors & en dedans du trousse-quin; ces deux mortaises auront chacune deux pouces de longueur & deux lignes de hauteur. La distance qui sépare les liéges du trousse-quin & qui doit servir de siége, aura pour la Cavalerie quinze pouces & demi de longueur, mesurée depuis leur partie supérieure, & quatorze pouces & demi seulement pour les Dragons; & la partie inférieure des bouts aura pour la Cavalerie, onze pouces dix lignes pour l'entre-cuisse, & dix pouces dix lignes pour les Dragons.

L'arçon sera nervé & encuré avec une bonne toile forte; il sera ferré avec des bandes de fer forgé & battu, & clouées avec des clous en fer doux & liant, qui seront rivés par-dessus l'arçon, en se rapprochant des pointes; la bande de devant, mesurée sous le garrot, aura deux pouces & demi de large & une ligne d'épaisseur; elle se diminuera insensiblement jusqu'aux pointes de l'arçon, où elle n'aura que quinze lignes de large.

La bande de l'arçon de derrière sera d'un pied huit pouces de longueur & d'un pouce huit lignes de largeur; il y aura une boucle de croupière enchapée de fer, attachée sur le milieu de la bande avec deux rivets. Il sera fait dans l'arçon de derrière, deux mortaises qui perceront la bande de fer & l'arçon; ces mortaises auront quinze lignes de longueur sur cinq lignes de largeur; elles seront percées à quatre pouces de la pointe de l'arçon, ou à un pied de distance l'une de l'autre, mesurée par-dessus le pontet de l'arçon. Ces mortaises serviront à passer les courroies de la charge.

La bande de collet sera du même fer & de la même épaisseur que la bande sous le garrot; elle sera clouée à clous rivés sur les liéges, & aura sur la partie intérieure de l'arçon, onze pouces de long pour la Cavalerie, dix pouces pour les Dragons, & deux pouces quatre lignes du bord de l'arcade à la hauteur des liéges, où elle aboutira dans toute sa longueur, à quatre lignes du bord.

Les porte-étrivières seront en fer forgé à doubles pattes, qui embrasseront les bandes, & clouées à doubles clous rivés; il y aura un lacet de fer à doubles pattes, attaché également aux bandes; & la patte de devant sera clouée aussi à doubles clous rivés sous la bande du garrot.

Il y aura quatre boucles enchapées de fer, clouées dessous & dessus les bandes à doubles clous rivés, pour servir à attacher les contre-sanglons; & de plus quatre petites pattes en fer traversant les arçons & rivées par-dessous, pour assujettir le troussequin & les liéges, où ils seront cloués à doubles clous rivés.

La dragonne de fer avec ses deux anneaux, sera clouée sur le pommeau de l'arçon avec trois clous rivés de chaque côté; sa hauteur ne dépassera pas celle des liéges ou battes.

Le faux-siége sera fait avec trois bouts de sangles neuves, dont deux seront croisées de l'arçon de devant à l'arçon de derrière; il y en aura une troisième du double plus large, qui sera aussi clouée dans le milieu du dessus de l'arçon de derrière & à la bande de collet, en passant par-dessous les deux qui seront croisées pour les soutenir, & ces trois bouts de sangles seront tendus à force de tricoises, & cloués avec un jonc par-dessus, pour éviter que les têtes de clous ne coupent les sangles du faux-siége; il y aura deux traverses, également en sangles, clouées sur les bandes à cinq pouces l'une de l'autre, portant par-dessus le faux-siége pour lui faire prendre le ceintre.

Il sera cloué sur les bandes, par-dessus le faux-siége de sangles, une toile de treillis écrue, passée à l'eau, extrêmement tendue, qui servira à soutenir la rembourrure du siége.

Il sera également cloué une seconde toile simple par-dessus la première, mais un peu moins tendue, pour être suffisamment rembourrée en bourre, & former le siége de la hauteur de quatre à cinq lignes seulement, pour que ce siége ne se déforme pas.

Les quartiers de la ſelle ſeront d'une coupe carrée, faits en cuir jaune façon d'Angleterre; ils auront pour la Cavalerie vingt-un pouces de longueur dans le bas, ſur ſeize pouces & demi de hauteur ſur le devant, & dix-ſept pouces & demi ſur le derrière; pour les Dragons, ces trois proportions ſeront d'un pouce de moins. Ces quartiers ſeront coupés à l'angloiſe, ainſi que l'entre-cuiſſe, qui aura dans la Cavalerie quatorze pouces de hauteur, & treize pouces dans les Dragons, pour l'aſſemblage du ſiége (qui ſera en bon cuir de veau) avec les quartiers, leſquels ſeront joints aux ſiéges par une couture en-deſſous, & un jonc dans le milieu. Le ſiége monté aura pour la Cavalerie, ſept pouces de largeur d'une couture à l'autre près des battes, cinq pouces un quart à l'entre-cuiſſe, & treize pouces trois lignes près du trouſſe-quin; ces trois largeurs ſeront d'un pouce de moins pour les ſelles des Dragons. Les ailerons des quartiers ſeront couſus enſemble avec une galbe piquée par-deſſus le pommeau & le pontet de derrière; les quartiers ſeront cloués devant & derrière, avec un jonc ſous la tête des clous.

Il ſera couſu par-deſſous le pourtour des quartiers, un blanchet de dix-huit lignes de large pour les renforcer; on pourra ſe diſpenſer d'y en mettre à l'entre-cuiſſe ſeulement, lorſque le cuir ſera fort.

Il ſera couſu ſur le derrière des quartiers, un porte-fer de chaque côté, à trois pouces & demi au-deſſous du trouſſe-quin; ces porte-fers auront quatre pouces huit lignes à cinq pouces un quart de hauteur; la largeur de deſſus ſera de ſept pouces à ſept pouces ſix lignes, & celle du deſſous de ſix pouces à ſix pouces & demi. Il ſera couſu à l'envers, par-deſſus les porte-fers, une poche en veau qui ſe fermera par deux attaches en forme de bourſe, pour y mettre des clous de précaution. On coudra pareillement une courroie d'environ huit pouces avec une boucle au-deſſus du porte-fer, laquelle paſſera au travers du quartier par deux petites ouvertures qui ſeront faites à un pouce de diſtance l'une de l'autre; cette courroie, de huit lignes de large, ſervira avec ſa boucle à fixer les fers de précaution dans les porte-fers.

Il ſera fait deux mortaiſes aux quartiers, vis-à-vis celles de l'arçon de derrière, pour paſſer les courroies de la charge.

Il ſera couſu par-deſſous les quartiers, à ras des bandes d'arçon, depuis les liéges juſqu'au trouſſe-quin, une bande de cuir en vache pour aſſujettir les quartiers ſur l'arçon; ces bandes de cuir ſeront clouées & tendues avec force tout le long des bandes de l'arçon, avec des petits clous dits *de ſemence.*

Les garnitures des battes du trouſſe-quin ſeront de peau de veau, clouées

clouées au revers avec le ſiége, & un jonc double ſur l'arçon de derrière & ſur celui de devant, les clous portant ſur le jonc; le devant des battes & le derrière du trouſſe-quin ſeront garnis d'un cuir pareil à celui des quartiers ; ils ſeront rembourrés en bourre & bordés en veau, de manière à ne laiſſer pour la Cavalerie que treize pouces & demi de longueur au ſiége pour l'aſſiſe, & douze pouces & demi aux ſelles de Dragons.

Les panneaux ſeront composés d'une forte baſanne & d'une toile pâtée par-deſſous; à chaque pointe des panneaux, il ſera pâté en outre un morceau de toile pour renforcer les chauſſures qui doivent contenir les pointes d'arçon, au lieu d'attaches qui ſe caſſent & ſe déchirent fréquemment ; ces panneaux ſeront entoilés d'une bonne toile griſe & leſſivée; il y aura un port pour l'entre-cuiſſe, de ſix pouces & demi ou ſept pouces de long ſur deux pouces un quart de hauteur ; ils ſeront rembourrés avec de la bourre également & très-fermes, de façon que la toile étant très-tendue, les panneaux n'aient que quatorze à quinze lignes d'épaiſſeur ; ils déborderont l'arçon devant & derrière & par les pointes, d'environ un demi-pouce ; ils ſeront bordés dans le pourtour d'une bonne baſanne ; il ſera laiſſé une liberté le long des longes, de dix-huit à vingt lignes d'un panneau à l'autre, pour l'aiſance de l'épine du dos ; la liberté du garrot ſera de quatre pouces de hauteur; & ſur le port deſdits panneaux il ſera couſu un contre-ſanglon de houſſe. Les panneaux ainſi rembourrés ſuffiront pour éviter les bleſſures dans les exercices journaliers ; & pour les marches de route, il ſera mis ſous la ſelle une couverture de laine ployée en quatre.

Le deſſus du couſſin ſera d'un cuir de ventraille provenant des quartiers ; il aura pour la Cavalerie neuf pouces de long & douze pouces de large à ſa jonction aux panneaux, & ces proportions ſeront d'un demi-pouce de moins pour les Dragons; il ſera fixé près deſdits panneaux par deux fortes attaches nouées à deux crampons de cuir, qui ſeront cloués à l'arçon de derrière, diſtant l'un de l'autre de cinq pouces & demi à ſix pouces. Il ſera couſu un fort crampon de cuir à un pouce & demi au-deſſus du derrière du couſſinet, pour y paſſer la longe de la croupière ; ce couſſinet ſera rentoilé, rembourré & bordé comme les panneaux, avec un peu de crin par-deſſus la bourre, ce qui ſera obſervé pour le rembourrage de réparation ſeulement deſdits panneaux.

Le porte-fonte ſera fait d'une pièce & d'un cuir ſemblable aux quartiers, doublé du même cuir & piqué d'une couture tout autour. Il ſera fait un trou en forme de carré ſur le derrière,

Mm

arrondi sur le devant, & assez grand pour y passer le porte-canon, le porte-piquet & la dragonne ; ce trou sera piqué d'une couture pour éviter le vacillement. Le porte-fonte aura trois pouces & demi de large auprès de la dragonne : il s'élargira depuis le milieu jusqu'à ses bouts, arrondis à la largeur de quatre pouces neuf lignes à cinq pouces. La longueur du derrière près des battes, sera pour la Cavalerie de douze pouces, & de treize pouces sur le devant ; pour les Dragons ces deux longueurs seront chacune d'un pouce de moins.

Il sera cousu, à un bout de ce porte-fonte, une courroie en vache corroyée, de seize à dix-huit pouces de long, sur huit lignes de large ; & à l'autre bout, un boucleteau de quatre pouces avec une boucle, qui passeront l'un & l'autre par-dessous les échancrures des battes, pour venir se boucler sur le siége près de la garniture des battes, afin de l'assurer invariablement sur le pommeau.

La fonte sera d'un cuir tanné & fort de deux pièces, & recouverte d'un cuir de vache lissé, de même couleur que les quartiers, avec une seule couture ; elle aura un pied de long sur le devant, & treize pouces & demi sur le derrière qui sera plat ; son embouchure sera demi-ronde ; le cercle de fer placé à l'embouchure suivra la même forme & la contiendra ; il sera recouvert par l'excédant du cuir qui recouvre la fonte, & piqué d'une couture tout autour ; la fonte sera attachée au porte-fonte par sept à huit points d'une forte bredissure en cuir de Hongrie, & de manière à ne pas varier ; l'enfonçure sera faite par deux coutures.

L'étui d'outil pour les Dragons, sera fait dans son intérieur d'un cuir un peu moins fort que la fonte, & recouvert du même cuir de vache lissé ; il sera mis des cercles de fer au-dessus & au-dessous de ceux servant aux haches & pioches, & tous seront bordés du même cuir que la couverture. Les étuis seront bredis également aux porte-fontes ; il y aura une boucle enchapée cousue sur le devant, & un boucleteau cousu aux couvercles pour les tenir fermés.

Les porte-mousqueton, porte-canon & porte-piquet, seront passés dans l'anneau à gauche de la dragonne, & arrêtés par un bouton fixe près dudit anneau ; la courroie du porte-piquet aura deux pieds trois pouces, & le porte-canon deux pieds de longueur sur neuf lignes de large. La partie où seront attachées les boucles sera dessous ; & depuis l'anneau jusqu'à ces mêmes boucles, le porte-canon aura quinze pouces de long, & le porte-piquet dix-huit pouces.

Il ſera ajouté à la ſelle de la Cavalerie un porte-bout-mouſqueton, avec ſon anneau de fer pour le piquet, attaché à une courroie paſſée dans un des anneaux de la dragonne.

Le porte-croſſe aura à ſon embouchure ſix pouces trois lignes de largeur, cinq pouces & demi de hauteur ſur le devant & autant ſur le derrière; ſa largeur par le bas ſera de cinq pouces, & le deſſous ſera arrondi par-derrière; il ſera d'un fort cuir noir liſſé, & le fond du même cuir, mais renforcé: il aura deux pouces de large pour faciliter l'entrée de la croſſe; il ſera couſu par-deſſous la bordure de cuir de vache, quatre crampons de cuir fort pour contenir la courroie porte-croſſe, qui aura cinq pieds & demi de longueur ſur un pouce de largeur, & ſera faite d'un cuir pareil aux quartiers; elle ſera terminée par un bout avec une boucle & un paſſant; il ſera paſſé dans la courroie porte-croſſe, contre le deſſous du deuxième crampon de devant, un anneau de fer de dix-huit lignes de diamètre pour y paſſer la pointe du piquet.

Le poitrail, compoſé de deux côtés, ſera d'un cuir liſſé noir; le côté gauche aura, pour la Cavalerie, deux pieds ſept pouces & demi de longueur; & pour les Dragons deux pieds & demi y compris la boucle, ſous laquelle ſera couſue une paillette en cuir excédant ſa forme; la longueur des montans ſera de dix-huit à dix-neuf pouces; le côté droit aura trois pieds un pouce & demi de long pour la Cavalerie, & trois pieds ſeulement pour les Dragons, y compris les œillets, qui auront deux pouces & demi d'ouverture; il y aura à chaque montant un rond de fonte d'un pied de long y compris la boucle; ils ſeront larges de neuf lignes & ſeront couſus, le côté gauche à dix pouces au-deſſus de la traverſe, & le côté droit à trois pouces, pour contenir le manche d'outil des Dragons; les deux boucles enchapées pour les montans de poitrail, ſeront clouées à trois clous ſur le devant de l'arçon, en bas & près de l'échancrure des liéges.

Les étrivières ſeront de cuir fort & moelleux, de même façon que les quartiers; elles auront quatre pieds huit pouces de long y compris l'enchapure de la boucle qui ſera bredie, & leur largeur ſera de quatorze lignes.

Les étriers auront quatre pouces & demi de hauteur ſur quatre pouces & demi de largeur entre les branches ſur la grille; le bout des branches ſera aplati & reployé ſous la grille d'un pouce de long pour y être ſoudé; l'œil de l'étrier aura quatorze lignes de large & cinq lignes de hauteur; ſa partie ſupérieure ſera arrondie; la grille ſera compoſée de ſix branches, qui formeront un ovale de trois pouces trois lignes dans ſa plus grande largeur.

Les porte-étriers seront faits de cuir de Hongrie, à bouton & boutonnière, & attachés par deux ou trois clous enchapés sous l'arçon de derrière, au-dessous & près des mortaises des courroies.

Il y aura six contre-sanglons de cuir fort de Hongrie, de quinze pouces de long chacun, sur treize lignes de large : trois de chaque côté, dont quatre seront cousus aux boucles de fer enchapées aux bandes, & les deux du devant seront cloués en avant des porte-étrivières, dessous les bandes d'arçon, avec quatre clous chacun, & par-dessus une paillette.

Les sangles seront faites d'un tissu gris, façon d'Angleterre; elles auront quarante-quatre à quarante-huit pouces de long, non compris les boucles, sur trois pouces dix lignes de large; elles seront garnies de six fortes boucles enchapées de cuir de Hongrie, qui auront treize lignes de large de dedans en dedans; le surfaix sera contenu par deux traverses de cuir de Hongrie, qui seront cousues près de la fourche des sangles; la branche de devant des sangles sera de quinze lignes plus courte que celle de derrière.

Les courroies de côté pour la charge, auront cinq pieds de long sur un pouce de large; il sera cousu à chacune, par-dessus, un boucleteau à dix pouces de la boucle; ce boucleteau aura onze pouces de long, & sa boucle doit excéder celle de la courroie d'un pouce.

La courroie du milieu sera de la même longueur & largeur, & n'aura point de boucleteau; elle servira à faciliter de monter en croupe, & à fixer la charge dans son égalité près du trousse-quin; ces trois courroies seront faites en cuir fort de Hongrie, & garnies de boucles solides.

Toutes les mortaises seront garnies de cuir mince lissé, pour éviter que les courroies ne se coupent, & pour qu'elles coulent plus aisément.

La croupière sera de même cuir que le poitrail; la longe de la croupière aura, pour la Cavalerie, deux pieds dix pouces de long; & pour les Dragons deux pieds huit pouces, sur deux pouces de large; elle sera fendue à un bout d'un pied de long; la branche droite sera cousue au côté droit du culeron, & la branche se bouclera à une boucle bronzée qui sera cousue, une paillette par-dessous, au bout gauche du culeron: cette boucle ayant pour objet de pouvoir décrouper & recrouper le cheval sans le dessangler, lorsqu'on veut le faire manger à terre, & prévenir par ce moyen les blessures sous la queue. Le culeron aura seize

ſeize à dix-ſept pouces de long, & ſera fait en cuir de vache doux, garni en dedans d'un bout de vieilles ſangles fines, & rembourré ferme en bourre : cette croupière ſera attachée par une forte lanière nouée le plus près poſſible de la chape de fer enchapée à la bande de fer de l'arçon de derrière.

La ſelle, ainſi compoſée de toutes ſes pièces & garnitures, devra peſer vingt-huit livres.

La monture ou garniture de bride ſera d'un bon cuir de bœuf ou vache fort, liſſé, noir.

La têtière, formée du montant droit faiſant le deſſus de tête, aura vingt-neuf pouces de long pour la Cavalerie, & vingt-ſept pouces pour les Dragons, depuis la boucle du porte-mords juſqu'au bout qui ſert à boucler le montant gauche, non compris l'enchapure de la boucle ; la largeur ſera d'un pouce.

Le montant gauche aura, pour la Cavalerie, douze pouces de long ; & pour les Dragons dix pouces & demi, depuis la boucle du porte-mords juſqu'à celle qui ſe boucle au bout du montant droit, paſſant dans le deſſus de tête, non compris l'enchapure ; & il ſera de même largeur que le côté droit.

Le deſſus de tête ſera tiré des ventrailles du ſuſdit cuir, & aura ſix pouces carrés ; il ſervira à réunir le montant droit avec le deſſus de tête de ſougorge, au moyen d'une couture faite dans la ſéparation de ces deux cuirs ; la partie du devant du deſſus de tête ſera libre pour y couler librement le montant droit, & celle de derrière ſera fixée à la partie de derrière du deſſus de tête de ſougorge ; il ſera couſu par-deſſus la partie ſupérieure de ce deſſus de tête, une chaînette qui aura ſix pouces de longueur, & une lanière en cuir de veau, de deux pieds environ, & large de neuf lignes, pour retrouſſer le toupet du cheval.

Les deux porte-mords auront neuf pouces de longueur ſur un pouce de large ; ils ſeront faits de cuir le plus fort avec double paſſant fixe.

La muſerolle aura de vingt-ſept à trente pouces de long, & paſſera dans les deux œillets des montans, qui ſeront faits au-deſſus de l'enchapure des boucles des porte-mords.

La ſougorge aura de vingt à vingt-trois pouces de long, non compris les enchapures d'une boucle à l'autre.

Le frontail aura de vingt à vingt-deux pouces de long, non compris la partie qui réunit le deſſus de tête par deux œillets de chaque côté.

Les rênes de la bride auront, pour la Cavalerie, quatre pieds quatre pouces de long, & quatre pieds seulement pour les Dragons; elles seront jointes ensemble à un bout par un bouton fixe, & contenues l'une sur l'autre par un bouton coulant; les porte-rênes seront de six pouces de longueur, y compris la couture faite par-dessus l'enchapure de la boucle de chaque rêne.

Le bridon ou filet, dont le mords est composé de deux pièces, sera garni d'un anneau à chacun de ses côtés.

La rêne de filet ou bridon sera de six pieds de long pour la Cavalerie, & de cinq pieds & demi pour les Dragons, d'une seule pièce, sur huit lignes de large, & aura une boucle enchapée à martingale du côté gauche, pour l'alonger ou la raccourcir; le côté opposé sera enchapé & cousu dans l'anneau du porte-mords.

Les deux porte-mords de bridon, cousus dans les deux anneaux, auront, non compris les enchapures, cinq à six pouces de longueur, & se boucleront aux boucles des porte-mords de la têtière de bride.

Le licou d'écurie sera fait avec du cuir fort de Hongrie; il sera composé d'une têtière d'une pièce, & aura au-dessus de tête vingt-deux lignes de large sur quarante-deux pouces de longueur; les parties latérales formant les montans, auront quatorze lignes de largeur, & la sougorge, tirée de la même bande des montans, aura huit lignes de large sur trente-six pouces de longueur jusqu'à sa boucle.

En temps de guerre, le licou d'écurie, tel qu'il est ci-dessus décrit, sera exécuté en cuir noir, pareil à celui de la garniture de bride, pour qu'il puisse toujours rester à la tête du cheval quoiqu'il soit bridé.

Le frontail à double œillet, contenant les montans & la sougorge, aura de vingt-trois à vingt-cinq pouces de longueur, y compris les deux œillets, sur un pouce de large.

La muserolle aura environ trente pouces de long sur treize lignes de large, & sera soutenue par deux jouillères qui auront chacune onze pouces de longeur; elles seront cousues au montant à huit pouces & demi au-dessus des doubles anneaux qui réunissent les montans sous la ganache avec la muserolle, au moyen d'un lacet enchapé dans un de ces anneaux, & d'un œillet où coule la muserolle; ces deux anneaux seront forts & soudés l'un dans l'autre.

Les montans seront fixés dans l'anneau de derrière par un

bouton ſixe, de façon à ne laiſſer que dix pouces & demi à douze pouces de longueur au montant gauche, depuis l'anneau juſqu'à la boucle.

Mords de Bride.

L'EMBOUCHURE dite *à gorge de pigeon,* étant la plus en uſage comme la plus ſûre pour les chevaux de Troupes, ſera plus ou moins groſſe & large, ſelon la ſenſibilité & la grandeur de la bouche, & ſelon que l'exige la liberté de la langue; plus ou moins large & élevée, ſelon que la langue du cheval eſt groſſe; les canons doivent être preſque droits depuis le bas des broches juſqu'aux talons, pour faire un plus juſte appui ſur les barres.

Les branches, depuis le deſſous des canons juſqu'à leurs extrémités baſſes près du piton de l'anneau, auront pour la Cavalerie quatre pouces deux lignes de longueur, & ſeulement trois pouces ſix à huit lignes pour les Dragons; elles ſeront fortes & droites, & contenues par une chaînette & deux tourets. Il y aura deux forts anneaux ſoudés dans les pitons forgés, aux côtés extérieurs du bas des branches, leſquels ſe termineront par une ouverture en forme de cœur renverſé, qui ſuppléera à boucler les porte-rènes lorſque les anneaux ſeront caſſés.

Les banquets, meſurés depuis le deſſus des canons, auront deux pouces à deux pouces & demi de hauteur; leurs parties ſupérieures auront ſeize lignes de longueur ſur deux lignes & demie d'épaiſſeur; il n'y aura qu'un œil à chaque banquet, & il aura dix lignes d'ouverture dans ſa longueur, ſur trois lignes de largeur; il ſera foré un trou au-deſſus de l'œil, de chaque côté du banquet, pour y former l'*S* & le crochet.

Les côtés de l'embouchure ſeront foncés dans les broches, qui ſeront laiſſées fortes aux branches par des fonceaux plats & rivés à froid; les arcs des banquets joindront exactement la rondeur des canons de l'embouchure, pour la conſolider & renforcer les branches.

La gourmette ſera à l'allemande, à doubles anneaux tortillés les uns dans les autres.

Les boſſettes ſeront en cuivre, timbrées comme le bouton, & de forme aplatie, pour porter près des fonceaux avec deux oreilles qui ſeront clouées en clous de cuivre rivés à la foſſette & à la branche.

Bridon d'Abreuvoir.

LE bridon d'abreuvoir ſera toujours façonné en fort cuir

de Hongrie. Le côté droit de la têtière sera coupé d'une pièce dans la bande de cuir; il aura trois pieds de longueur & un pouce huit lignes de largeur; ce côté sera fendu en deux, de la longueur d'un pied huit pouces, pour former le montant droit de la têtière & la sougorge; lequel montant aura un pouce de largeur & la sougorge huit lignes de large, sur deux pieds quatre pouces de longueur, y compris l'enchapure de la boucle; la partie formant le dessus de tête sera d'une pièce longue de six pouces d'une fente à l'autre; le montant gauche aura quinze pouces de longueur, y compris l'enchapure à l'œil du mords de bridon & celle de la boucle qui se bouclera au-dessus de tête, lequel sera fendu de huit pouces de longueur; ce montant gauche aura également un pouce de largeur.

Le frontail aura vingt-deux pouces de longueur, y compris les deux œillets de chaque côté, sur dix lignes de largeur.

La rène du bridon aura neuf pieds de longueur sur onze lignes de largeur; il sera fait un bouton fixe à lanière à chaque bout de ladite rène, qui passera dans l'œil de chaque côté du mords pour que l'on puisse mener les chevaux à main droite & à main gauche.

Le mords du bridon sera composé de quatre pièces en fer étamé; savoir, l'embouchure de deux pièces, longues chacune d'environ trois pouces, jointes ensemble au moyen de l'*S* reployée dans le trou; & deux branches longues chacune de quatre pouces, ayant un œil dans le milieu de chaque côté pour y enchaper les montans de la têtière du bridon & y passer les bouts de la rène; les chaperons de l'embouchure seront contournés & frappés à chaud autour de la broche des branches & de l'œil, de façon à n'avoir aucun jeu, pour maîtriser avec plus de sûreté le cheval.

A PARIS, DE L'IMPRIMERIE ROYALE. 1786.

PLANCHE I.

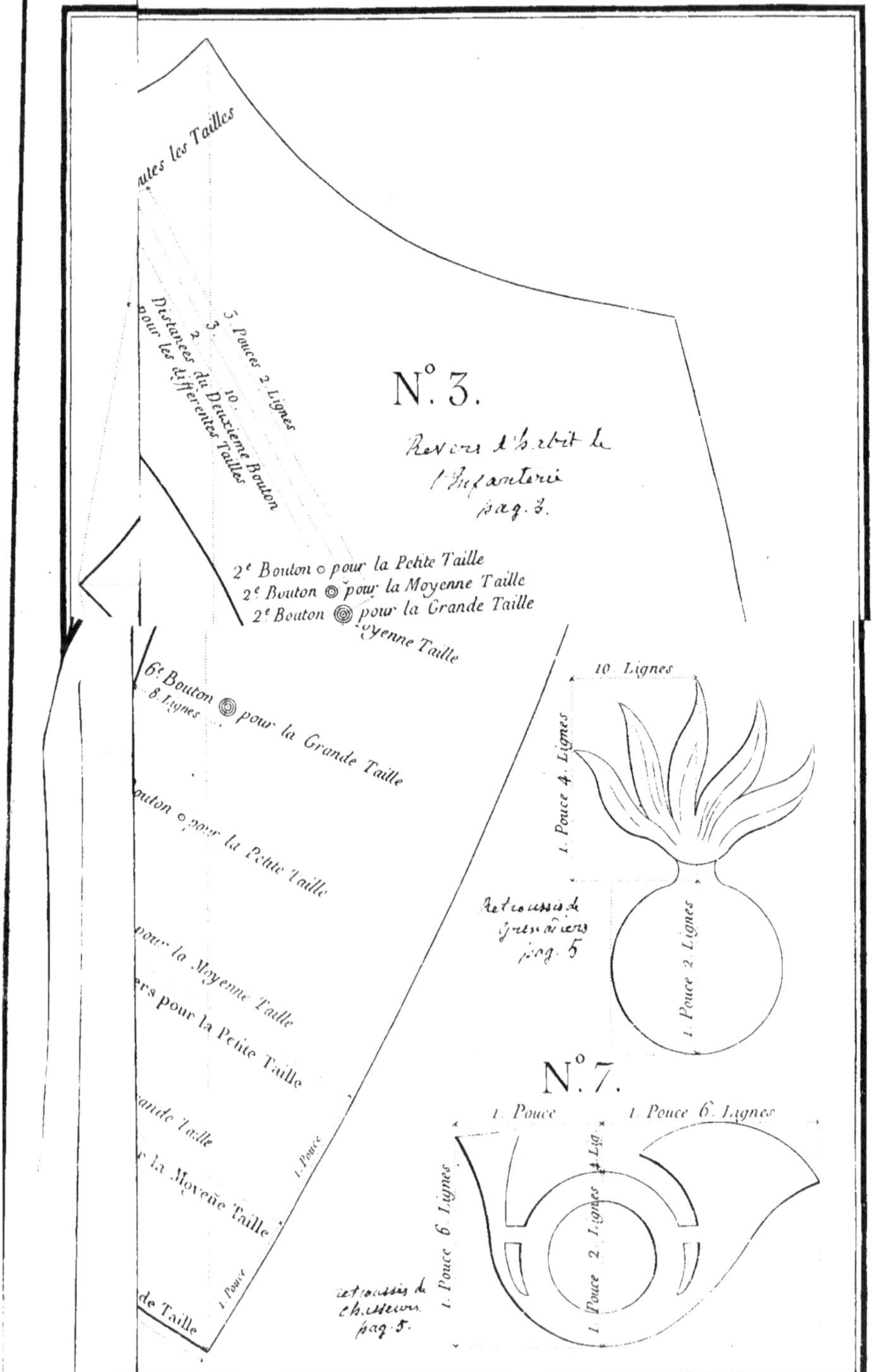

N°. 3.
Revers d'habit de l'Infanterie pag. 3.
Distances du Deuxieme Bouton pour les differentes Tailles
3. Pouces 2. Lignes
2ᵉ Bouton ○ pour la Petite Taille
2ᵉ Bouton ◎ pour la Moyenne Taille
2ᵉ Bouton ◎ pour la Grande Taille
6ᵉ Bouton ◎ pour la Grande Taille
8. Lignes
pour la Petite Taille
pour la Moyenne Taille
pour la Petite Taille
1. Pouce
10. Lignes
1. Pouce 4. Lignes
1. Pouce 2. Lignes
Retroussis de Grenadiers pag. 5
N°. 7.
1. Pouce
1. Pouce 6. Lignes
4. Lig.
1. Pouce 2. Lignes
retroussis de chasseurs pag. 5.

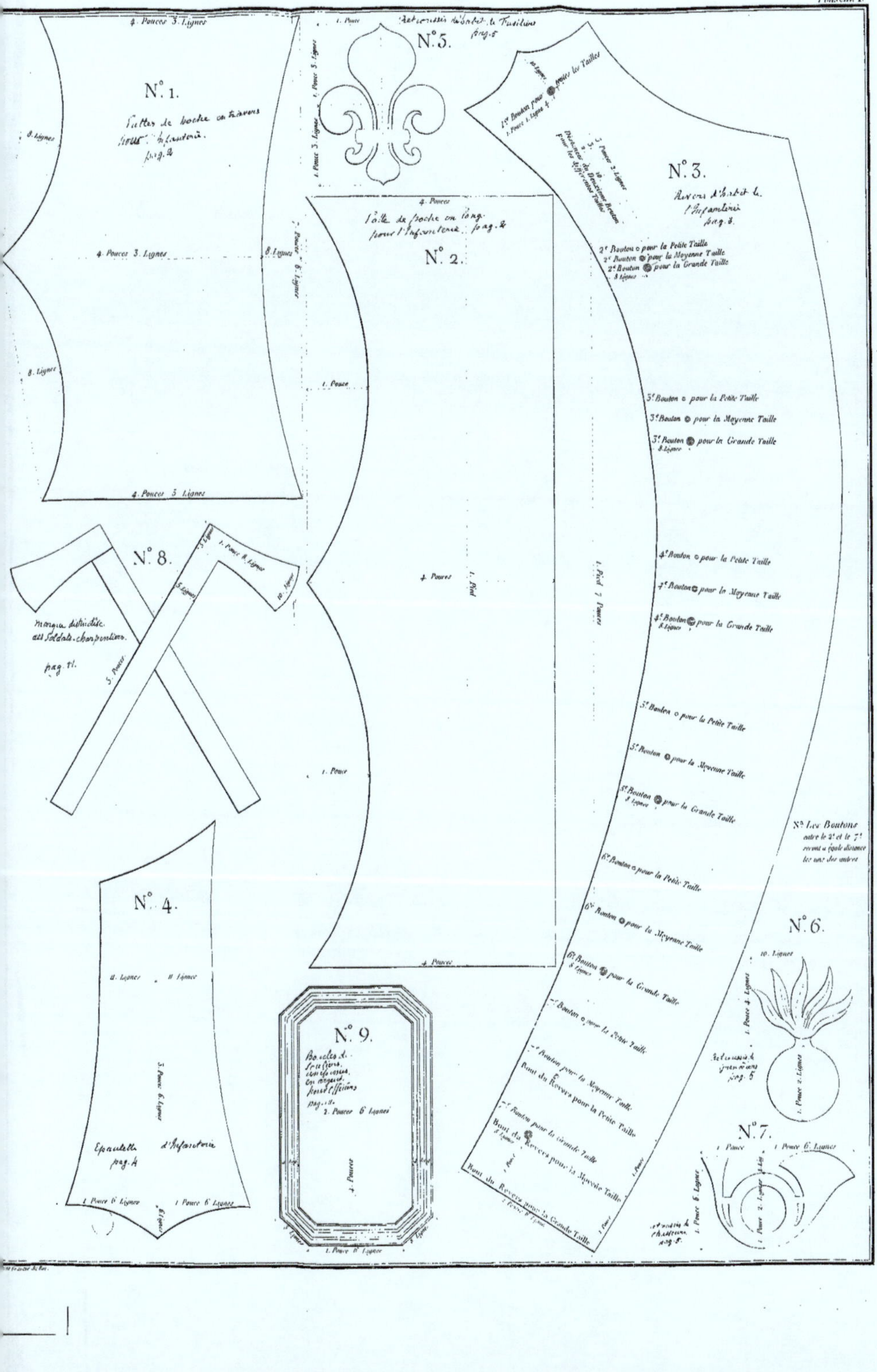
N°. 1.
4. Pouces 3. Lignes
8. Lignes
N°. 5.
N°. 2.
4. Pouces
1. Pouce
1. Pied
N°. 3.
2.e Bouton pour la Petite Taille
2.e Bouton pour la Moyenne Taille
2.e Bouton pour la Grande Taille
3.e Bouton pour la Petite Taille
3.e Bouton pour la Moyenne Taille
3.e Bouton pour la Grande Taille
4.e Bouton pour la Petite Taille
4.e Bouton pour la Moyenne Taille
4.e Bouton pour la Grande Taille
5.e Bouton pour la Petite Taille
5.e Bouton pour la Moyenne Taille
5.e Bouton pour la Grande Taille
6.e Bouton pour la Petite Taille
6.e Bouton pour la Moyenne Taille
6.e Bouton pour la Grande Taille
Bout du Revers pour la Petite Taille
Bout du Revers pour la Moyenne Taille
Bout du Revers pour la Grande Taille
1. Pied 7 Pouces
N°. 8.
N°. 4.
N°. 9.
2. Pouces 6. Lignes
N°. 6.
N°. 7.
1. Pouce 6. Lignes

MODELE

DE BRODERIE POUR LES UNIFORMES DES OFFICIERS GÉNÉRAUX.

Grand uniforme.

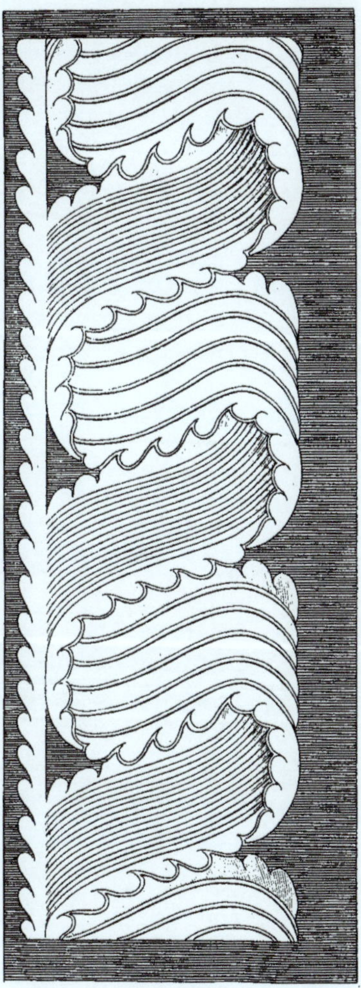

1 — 2. Pouces

Petit uniforme.

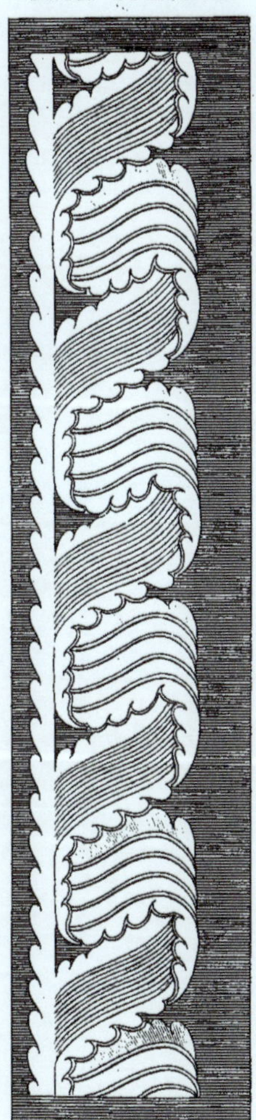

1. Pouce

Redingote.

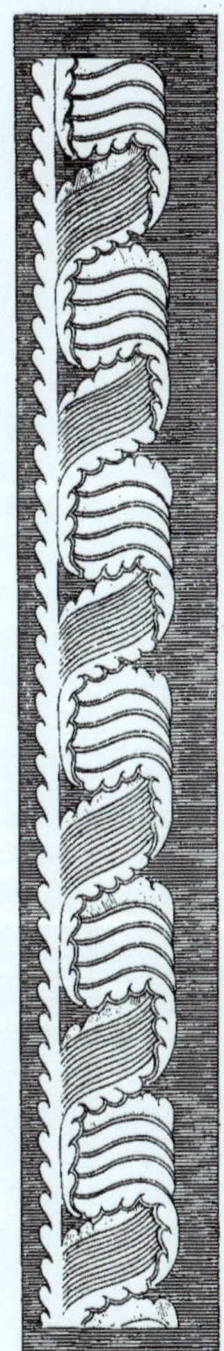

8. Lignes

De la Gardette Sculp.

PL. III.

MODELES DE BRODERIES
DES UNIFORMES DES INTENDANTS DES ARMÉES ET COMMISSAIRES DES GUERRES.

Grand Uniforme

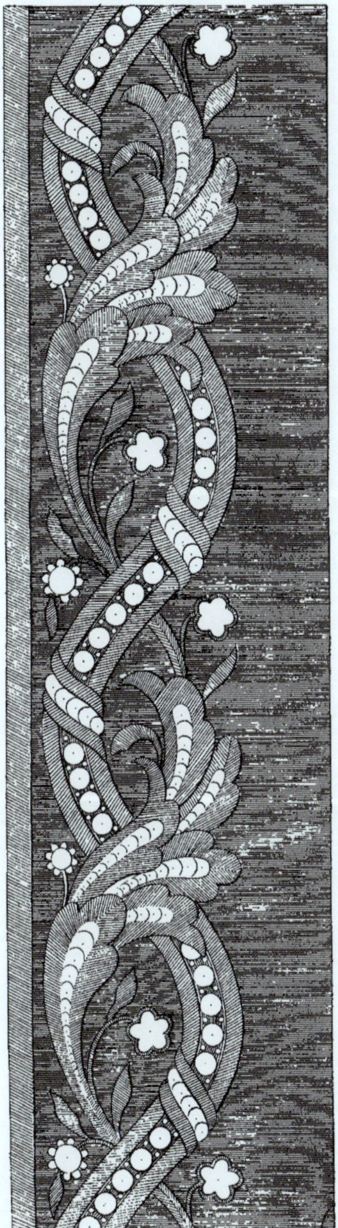

Petit Uniforme

Lorthior Brodeur Parvis N.D. delin.

Petit Graveur du Roi.

MODÈLES DES GALONS
POUR LES UNIFORMES DES OFFICIERS DE L'ETAT MAJOR DES PLACES.

GRAND GALON.

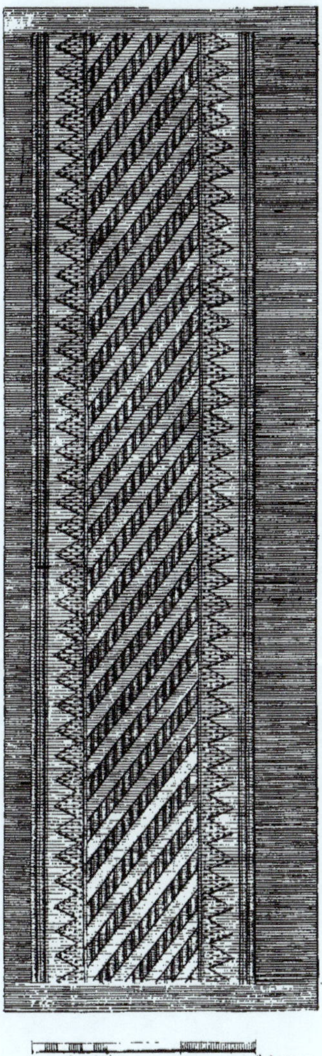

PETIT GALON.

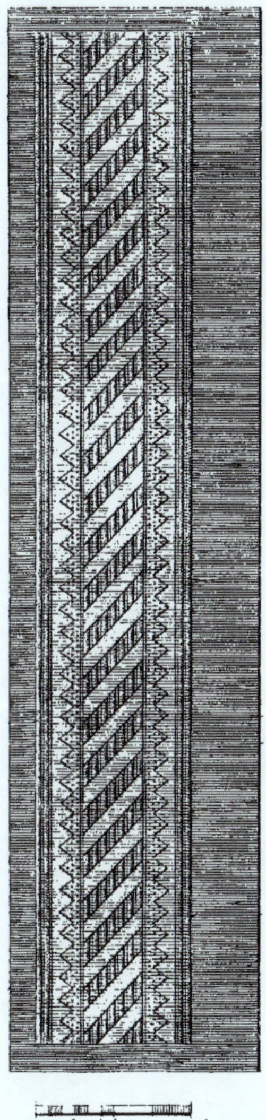

)DERIES
: L'ÉTAT MAJOR DES ARMÉES.

1.

AIDES MARÉCHAUX GÉNÉRAUX DES LOGIS DE L'ARMÉE.

Huit Boutonnieres de 4 Pouces 6 Lignes de long ſur un Pouce de large.

2.

AIDES MARÉCHAUX GÉNÉRAUX DES LOGIS DE LA CAVALERIE.

Huit Boutonnieres de 4 Pouces 5 Lignes de long ſur 10 Lignes de large.

3.

AIDES MAJORS GÉNÉRAUX.

Modeles de broderies
pour les uniformes des officiers de l'état major des armées.

Le Maréchal Général des Logis de l'Armée.

Bordé de 13 Lignes de largeur y compris la Baguette.

Le Maréchal Général des Logis de la Cavalerie.

Bordé de 13 Lignes de largeur y compris la Baguette.

Le Major Général.

Bordé de 9 Lignes de largeur.

N.º 1. *Aides Maréchaux Généraux des Logis de l'Armée.*

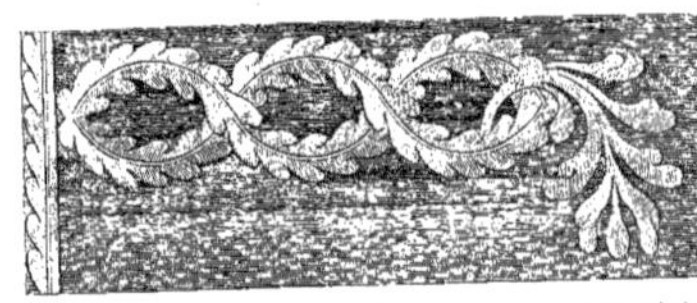

Huit Boutonnieres de 4 Pouces 6 Lignes de long sur un Pouce de large.

N.º 2. *Aides Maréchaux Généraux des Logis de la Cavalerie.*

Huit Boutonnieres de 4 Pouces 5 Lignes de long sur 10 Lignes de large.

N.º 3. *Aides Majors Généraux.*

Huit Boutonnieres de 4 Pouces 5 Lignes de long sur 9 Lignes de large.

PLANCHE XI

MODÈLE DE BOUTONS DE DIFFÉRENS UNIFORMES.

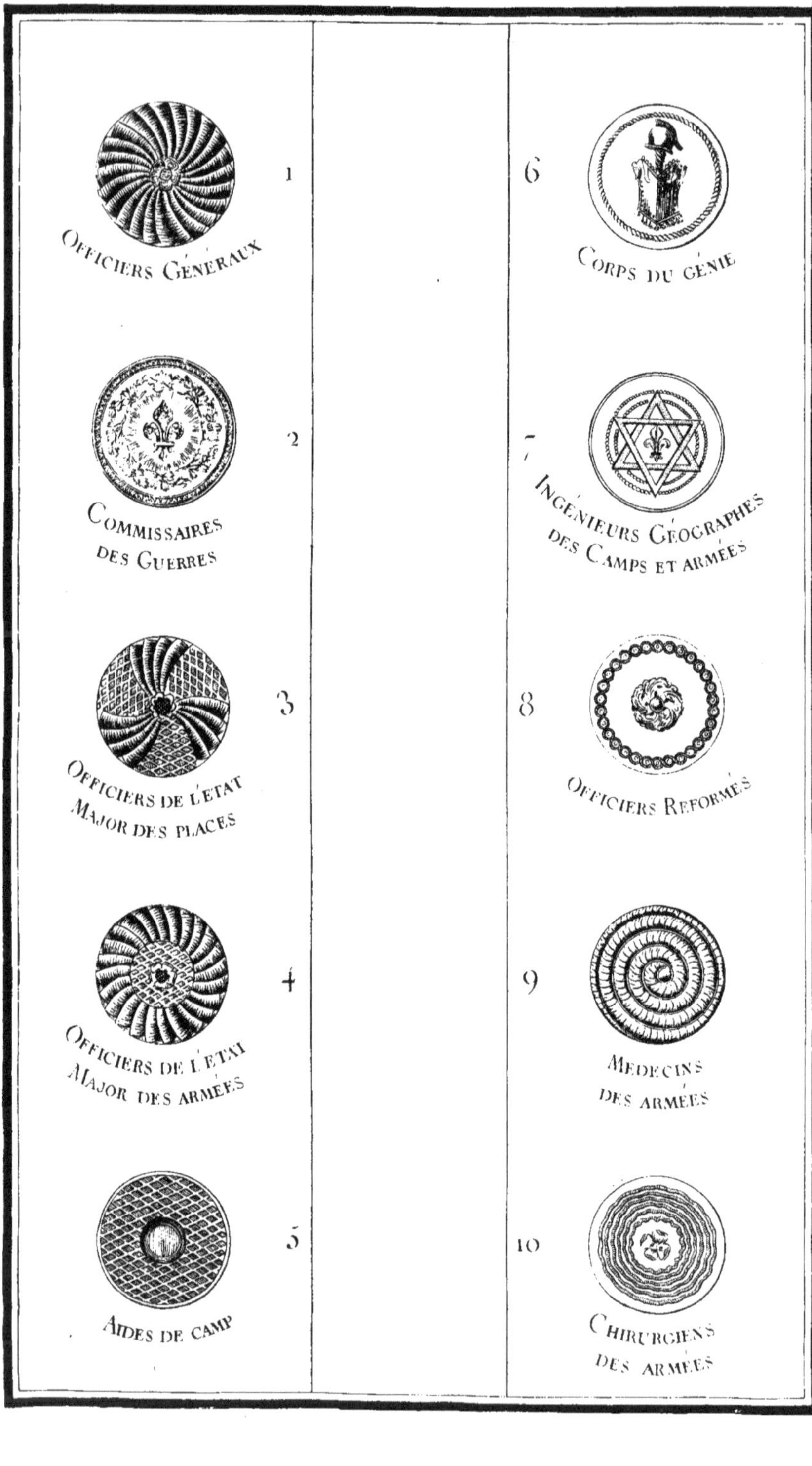

www.ingramcontent.com/pod-product-compliance
Ingram Content Group UK Ltd.
Pitfield, Milton Keynes, MK11 3LW, UK
UKHW031846260826
14628UKWH00002B/621

9 782329 417721